행복 교실을 위한
디딤돌

새내기교사 길라잡이

행복 교실을 위한
디딤돌

경상북도유·초등수석교사회 지음

좋은땅

새내기 교사 길라잡이
행복교실을 위한 디딤돌

교직 경력이 몇 년이든 간에 교사들의 바람에는 공통점이 있다. 바로 학생들과 함께 웃으며 생활하는 행복한 교실을 만들고 싶다는 것이다. 교실 창턱에는 푸른 덩굴식물이 가득하고, 정갈한 교실의 서가에는 책들이 반듯하게 꽂혀 있고, 학생들이 정성껏 해낸 학습 과제는 교사의 책상 위에서 차곡차곡 쌓여 있는 곳. 그런 교실에서 학생들은 재잘대며 머리 맞대고 의논하여 문제를 해결하고, 교사는 학생들에게 적절한 지원을 해 주고, 희망과 용기를 북돋워 주는 그림 같은 교실을 꿈꾸는 것이다. 그러나 현실은 절대로 녹록치 않다는 것을 알게 될 때의 막막함이란!

많은 지식을 알고 있는 게 중요하던 세상은 이제 창의적인 문제 해결력과 다양한 집단과의 상호작용과 의사소통 능력이 더 중요한 세상으로 바뀌었다. 그에 따라 학교도 급격히 달라지고 있다.

교과서의 내용을 배우고 익히는 것만을 중요시하던 과거의 공부 방법에 익숙한 교사들 스스로가 기존의 교수 방법을 탈피하면서 미래사회의 인재를 길러나가야 하는 것이다.

이런 현실은 학교 현장에 첫발을 내디딘 새내기 교사들을 더욱 힘들게 한다. 이론과 실제의 딜레마와 더불어 학생들에 대한 막중한 책임감, 동료 교사들과의 협력 관계, 업무 처리의 생소함까지 모든 것에 나날이 부대껴야 하는 힘든 생활이 시작된 것이다.

경상북도유·초등수석교사회에서는 새내기 교사들이 자조적으로 스스로를 지칭하는 '하루살이 교사'라는 말에서 한걸음 더 나아가 '내가 학생들과 함께 행복한 교실을 만드는 일이 가능하기나 할까?'라는 절망으로 굳어지지 않도록 하기 위해 2014학년도에 '새내기 교사의 길라잡이-행복교실, 이렇게 시작하자'를 펴냈다. 학급 경영과 학생 관리, 업무 처리방법 등을 안내함으로써 새내기 교사들이 좀 더 쉽게 교직생활에 적응하도록 돕기 위해서였다.

올해는 수석교사들이 가지고 있는 수업 경험들을 팁(Tip)으로 정리하여 교과별 수업에 바로 적용할 수 있도록 안내하였고 새내기 교사들이 가져야 할 마음가짐과 할 일, 관계 맺기 등의 자아 성찰적 요소와 함께 교육과정과 수업 설계 등을 수정 보완하였다. 또한 국가수준 교육과정과 학교의 교육과정 편성 방법, 성취기준에 따른 교육과정 재구성 등을 상세하게 안내하였다. 그와 함께 수업설계의 방법과 학생 참여중심 수업의 대표적인 수업 구조 등을 곁들여 수업 준비를 잘할 수 있도록 하였다.

한편, 새내기 교사들이 가장 힘들어하는 학생 생활 지도는 실제 사례를 들어 안내하였다. 또, 학습 결과물의 게시를 비롯한 환경구성의 방법 등 새내기 교사들이 궁금하게 여기는 학급 경영과 업무 처리, 복무규정 등에 대한 상세한 안내도 곁들여 놓았기 때문에 학교에 적응하는 데 많은 도움이 되리라 생각한다.

묘목을 어디에, 어떻게 심느냐에 따라 묘목의 성장이 달라진다. 우리 경북의 새내기 교사들이 빛나는 별로서 우뚝 서길 바라는 수석교사들의 마음을 담은 이 책이 새내기 교사들이 첫발을 내딛는 데 작은 디딤돌이 되길 기원한다.

2023년 12월 15일
경상북도유·초등수석교사회

Contents

PART 3
학생과 함께 배움이 있는 수업을 만들라

PART 4
긍정적인 학급 분위기로 생활 지도를 하라

PART 5
업무 처리방법을 익혀 일처리를 쉽고 정확하게 하라

PART 6
복무와 인사제도를 제대로 알고 교권을 보장받으라

PART 7
바람직한 관계 형성으로 행복한 교직생활을 하라

PART 1

●

학급을 독창적으로
디자인하는
멋진 디자이너가 되라

Chapter 1.

한 해의 성공을 위한
나만의 멋진 첫걸음

 **포인트 꼭꼭!**

☐ 치밀한 계획과 정선된 준비는 성공의 지름길이다.

☐ 학생들과의 진정한 만남은 그들의 이름을 불러줄 때 비로소 시작된다.

☐ 당신의 자녀처럼 학생을 대하고 있음을 학부모들이 느끼도록 말하고 행동하라.

01 첫 만남을 위한 준비

첫사랑, 첫차, 첫아이 등 처음은 누구에게나 감동적이고 신비로운 경험이다. 첫 기억은 각별한 기억의 방에 저장되어 삶을 풍요롭고 행복하게 해 준다. 교사로서 첫발을 내딛는 날은 더욱 그럴 것이다. 그러나 첫 기억이 항상 행복하기만 한 것은 아니듯이 학생들과 만나는 첫날도 모든 새내기 교사에게 성공적이고 행복하기만 한 것은 아니다. 교사로서의 첫출발을 어떻게 하느냐에 따라 달라지기 때문이다.

가. 교사 소개용 PPT 준비하기

첫날, 학생들은 선생님에 대한 궁금증으로 가만히 있지를 못한다. 친구와 속닥거리기도 하고 저만치 떨어진 곳에서 선생님의 눈치를 살피기도 한다. 이때를 위하여 자신을 소개할 자료를 미리 정리하여 PPT를 제작해 둔다. 자신의 꿈, 학창시절 사진이나 학교생활의 흔적들, 반려동물, 좋아하는 책이나 읽은 책의 목록, 선생님이 된 동기, 또는 학생들에 대한 선생님의 바람 등을 준비한다. 이처럼 선생님 자신을 학생들에게 소개하는 것은 선생님과 학생들 간 친밀감을 형성해 줄 뿐만 아니라, 학생들이 반 친구들에게 자신을 소개할 때 적극적으로 임하게 하는 효과도 있다. 다만 이때 학생들에 대한 담임으로서의 바람이 너무 많다거나 지나치게 강조하는 것은 지양하는 것이 좋겠다. 만약 PPT 준비가 여의치 않으면 몇 장의 사진만으로도 교사 자신의 소개를 재미있게 풀어 갈 수 있다. 그리기에 자신이 있는 선생님이면 칠판이나 도화지에 성장 스토리를 캐리커처 식으로 그려 가며(미리 그려 와도 좋음) 진행해도 학생들이 매우 흥미 있어 한다. 이렇게 형성된 유대감은 일 년 동안 교사와 학생들을 묶어 줄 단단한 사랑의 밧줄, 연결고리가 되므로 매우 중요하다.

나. 칠판이나 교실 출입문에 환영 메시지 남기기

대부분의 학교에서는 신학기를 3월 2일부터 시작하게 된다. 그러나 개학 2~3주 전에 학급 담임 및 업무분장이 발표되고, 신학기를 준비하는 선생님들을 위해 학교는 개방되어 있다. 따라서 사전에 자신의 교실을 방문하여 정리하고 학생용 책걸상 개수와 상태, 신발 놓는 곳 표시, 앉을 자리 안내용 문구 게시 등을 해 둔다. 거창한 환경 정리까지는 아니더라도 학생들을 맞이하는 최소한의 준비는 해 두어야 한다. 거기다 개학 날 일제히 들이닥칠 학생들을 위한 환영과 진급 축하 메시지를 칠판이나 교실 복도, 출입문 등에 게시하거나 메시지가 적힌 풍선 몇 개를 칠판이나 창문에 달아두면 눈이 휘둥그레질 정도로 좋아한다. 아주 작은 것에서도 선생님의 마음이 학생들에게 전해지기 때문이다.

환영 메시지(아이들 개별 이름도 적어서 함께 게시)

♣ 여러분을 환영합니다.

○학년 ○반 친구 여러분! 진급(입학)을 축하합니다.

선생님은 여러분과 함께 1년 동안 지낼 담임 ○○○선생님입니다.

여러분은 새 담임선생님이 '어떤 분일까' 궁금할 거예요.

선생님도 여러분이 어떤 친구들일지 매우 궁금합니다.

1년 동안 즐거운 학급이 될 수 있도록 선생님은 여러분들을 많이 많이 사랑하겠습니다.

다. 교과서와 교사용 지도서 확보하기

○학년 ○반 담임이라는 교내 인사발령이 나면 즉시 해당 학년의 교과서와 교사용 지도서를 확보해야 한다. 이것은 교육과정을 준비하는 가장 적절한 방법으로써 자신이 맡게 될 학년과 반 학생들을 위한 한 학기 또는 1년의 교육과정을 수립하고 수업을 계획하는 1차적 자료가 되기 때문이다. 또한, 해당 학년의 교육과정의 이해를 바탕으로 학생들에게 맞는 교육과정을 재구성하고 프로젝트 학습 등을 준비할 수 있기 때문이다.

라. 기초 시간표 및 신학기 주간 활동 안내

일반적으로 개학 첫 날은 학교의 공식적 일정으로 운영되나 하교 시에는 당장 다음 날(또는 개학 첫 주) 시간표를 학생들에게 안내해 주어야 한다. 교육과정에 따른 시간표를 학생 수만큼 복사해서 나누어 주고 학급 소통 플랫폼 등에도 공유한다. 학급 소통 플랫폼은 미리 만들어 두었다가 가능한 빠른 시간에 활용하도록 한다.

시간이나 운영의 방법은 다르겠지만 가능하면 새 학년의 첫 주는 아침 활동, 교육과정 재구성을 통한 시간 확보로 학급 세우기 시간을 가지는 것이 좋다. 학부모님과 래포 형성이 잘 이루어지도록 학급 첫 주의 활동을 안내, 공유하도록 한다.

마. 정장 스타일로 전문가 이미지 만들기

때와 장소에 맞는 옷차림은 상대를 존중하는 또 하나의 언어와 같다. 베테랑 교사일수록 전문인으로 보일 수 있는 정장 스타일을 한다고 한다. 전문가로 보일 수 있는 옷차림은 학급 훈육에도 도움이 되기 때문이다. 스포츠 웨어나 청바지, 지나치게 짧은 치마, 트인 신발 등의 캐주얼 옷차림을 첫날부터 하게 되면 아무래도 공동체 세우기에 필요한 기본기를 만드는데 다소 어려울 수 있다. 학생들에게 친근감을 주는 교사가 되어야겠지만 첫날, 학생들은 담임선생님이 어떤 사람인지 판단을 내릴 것이고, 선생님의 옷차림은 아이들의 판단에 중요한 단서가 될 수도 있다. 다만 학기 초, 방과 후 시간에는 집기를 옮기거나 교실 환경을 정비하는 일도 해야 하므로 여벌의 작업복이나 장갑 등을 준비할 필요가 있다.

바. 무엇이든 요청하기

학교의 모든 직원은 도움을 요청하는 사람에게 언제나 도와줄 준비가 되어 있다. 새내기 교사의 요청이라면 더욱 적극적으로 도와줄 것이다. 가깝게는 옆 반 선생님께, 학년 부장이 있는 학교는 학년 부장님께, 또는 교무, 연구부장님, 교감 선생님께 요청하면 된다. 수석교사가 근무하는 학교의 새내기 교사는 하나에서 열까지 수석교사의 도움을 요청할 수 있도록 제도적 장치가 마련되어 있음으로 언제든지 수석교사실을 노크하면 된다.

도움을 요청하는 것이 자칫 무능한 사람으로 인식될지도 모른다는 생각은 새내기 교사가 반드시 깨뜨려야 할 첫 번째 편견이다. 처음에는 누구나 서툴고 힘든 것이다.

02 설레는 첫날, 첫 만남 열기

담임 여부를 확인하고 학생들을 만나기까지의 시간이 그리 길지 않다. 그 짧은 기간 동안 일 년의 학급 운영을 어떻게 할 것인가에 대한 구체적인 계획을 세우는 것은 조금 무리일 수도 있다. 그렇지만 담임으로서 학급 세우기에 대한 철학과 방향을 글이나 마인드맵으로 정리해 보는 것은 일 년의 성공적인 학급 경영에 꼭 필요한 일이다.

1학년을 만나는 교사와 6학년을 만나는 교사의 마음속에는 서로 다른 설계도가 마련되어야 한다. 학생들에게 한 해의 학급 운영 계획을 총체적으로 말하기는 쉽지 않다. 교사 자신의 학급 경영 철학을 공유하고 학생들과 함께 첫날, 첫 주, 첫 달, 일 년을 단위로 계획하고 지속적으로 안내, 적용을 병행해 나가다보면 자연스럽게 아이들과 호흡을 맞추며 자신만의 학급 세우기와 울타리를 든든히 유지하는 학급 경영의 전문가가 될 수 있다.

가. 임시 자리 정하기

첫날은 키 순서대로 앉히는 것이 좋다. 교사가 학생들 특성을 파악하는 데는 어느 정도 시간이 걸리므로 그때까지는 키 순서대로 앉힌다. 시력이 좋지 않은 학생만 고려한다면 이 방법은 논란의 여지가 거의 없으며, 시업식을 운동장이나 체육관에서 할 경우 어차피 키 순서대로 줄을 서야 하므로 편의성이 있다. 그리고 시업식에 참여하기 위해서는 키 순서에 맞게 줄 서는 연습을 사전에 해서 임해야 한다. 사전 연습 없이 바로 시업식장에 들어가게 되면 혼란이 일어날 수밖에 없다. 왜냐하면 새 학기 금방 조직된 학급 학생들에게 스스로 줄을 선다거나 행사장까지 질서 유지하며 이동하는 것은 거의 기대할 수 없기 때문이다.

나. 이름 불러 주기

학생들이 교실에 오면 바로 학생들 이름을 한 명 한 명 불러 가며 출석 상태를 확인한다. 저학년의 경우 간혹 다른 반 학생이 우리 반 교실에 앉아 있을 수도 있고, 우리 반 학생이 다른 반에 가 있을 수도 있다. 출석 확인이 끝나면 미리 준비해 둔 삼각대 이름표 만들기 자료(16절 켄트지)를 나누어 주고 만드는 방법을 설명해 준다. 이때 소개할 내용도 이름 아래 작은 글씨로 메모하도록 한다. 예쁘게 완성되면 반 친구들 앞에서 자신을 소개하는 시간을 갖는다. 마지막 친구까지 소개하기가 끝나면 자기 이름표는 책상 위 일정한 곳에 고정시켜 담임선생님과 친구들이 이름을 익힐 수 있도록 한다. 삼각대의 앞뒤 모두 이름을 새기면 사방에서 보기에 편하다.

학생들 이름은 최대한 빨리 익힌다. 나이스에서 학생 사진 명부를 출력하여 대충 익힌 후 첫날, 학생들 책상 위에 써 붙인 이름과 얼굴을 대조하면 금방 익힐 수 있다. 학생들도 친구들의 이름을 빨리 외울 수 있도록 이름표를 목에 달아 주거나 자기소개에 이어 이름 익히기 게임도 할 수 있다. 첫날, 첫 만남에서 교사가 학생의 이름을 불러 줄 때 학생들의 표정은 확 달라진다.

다. 배려해야 할 학생 살피기

담임 발표부터 첫 만남까지 학생을 제대로 파악할 수 있는 시간 역시 매우 짧다. 그래도 아이들 정보를 읽는 일은 빼놓을 수 없다. 학생들에 대해 조금이라도 알고 있으면 문제가 생기더라도 허둥대지 않고 좀 더 여유 있게 대처할 수 있기 때문이다. 특별히 배려해야 할 학생이 있다면 사전에 꼭 체크를 해 놓아야 한다. 지난해 담임을 통해 파악하거나 당시 동 학년 선생님을 통해서라도 정보를 파악할 수 있을 것이다. 다만 부정적인 정보나 정확하지 않은 정보에 대한 선입견이나 고정적인 시선은 바람직하지 않다.

라. 학급 세우기로 학급 살이 안내하기

첫날부터 아이들에게 1년 학급 운영 계획을 구체적, 총체적으로 말하는 것은 아이들에게도 자칫하면 딱딱한 분위기를 형성할 수 있다. 따라서 선생님과 아이들이 바라는 우리 반의 모습과 이와 관련된 가치들을 공유(다양한 학급 세우기 방법 활용)하고 더불어 살기를 위한 약속 정도를 정하도록 한다.

선생님과 학생들이 함께 정한 약속은 한눈에 볼 수 있도록 문서로 작성하는 것이 좋다. 학생들이 직접 손으로 쓰게 하는 것도 권장한다. 글로 정리한 학급 운영 계획은 선언문 역할을 하며, 학생들에게 '우리 반'에 대한 소속감과 기대감을 높여준다. 학급 시간표도 미리 준비하여 다음 날 학습 준비가 이루어질 수 있도록 하여 처음부터 학습 습관을 기르는 것의 중요성도 인식할 수 있게 한다.

그 외에도 첫날은 나누어 줄 것이 많다. 학교에서 발송하는 각종 통신문이 쏟아지기 때문이다. 따라서 여러 장을 한꺼번에 낱장으로 나누어 주거나, 설명 없이 보내 버리면 가정에 전달이 안 되거나 소통이 원활하지 않을 수 있다. 학생들과 하나하나 살펴보고 확인하며 필요한 부분은 구체적으로 설명해 준다. 또한 학생들이 통신문을 잃어버리지 않고 가정에 제대로 전달할 수 있도록 철해 주고 맨 앞장에 이름을 적도록 한 후 책 속이나 가방에 넣어가도록 안내한다. 투명홀더를 사전에 구입해 네임펜으로 이름을 적거나 이름 스티커를 붙여 선물로 나누어 주고 통신문을 넣어 갈 수 있도록 하는 것도 좋다.

03 학부모와의 소통

학부모 및 보호자와 교사는 학생과 관련된 많은 정보를 서로 제공하고 가르쳐 주며 가정과 학교에서 이루어지는 학습과 교육활동에 학생들의 요구를 더 잘 반영하도록 도와주는 관계에 있다.

교사는 학부모와 보호자의 신뢰를 얻기 위해 학생 개개인을 존중하며 내 자녀, 가족과 같은 관심과 사랑으로 학생들을 가르치고 있다는 것을 보여 줄 필요가 있다. 학부모가 학교와 교실을 개방하라고 요구하는 것도, 학교가 학부모에게 학교를 개방함이 마땅하다고 느끼는 것도 이러한 것에 대해 상호 확인하고 확인시켜 주고자 하는 데 기인한다.

가. 제1호 학부모 통신

학생들과의 만남은 동시에 학부모와의 만남을 의미한다. 학생들과의 만남을 정성을 다해 준비하듯 학부모와의 만남도 그래야 한다. 요즘 학부모들은 맞벌이 가정이 많아 교사와 직접 얼굴을 마주하고 교육에 대해 진지하게 고민하거나 대화할 시간도 기회도 부족하다. 따라서 교사는 학부모 통신이나 학급 운영 플랫폼, 홈페이지, SNS, 문자메시지나 전화 등 다양한 방법을 통해 학부모에게 자신이나 학생의 상황 및 정보를 제대로 알리고, 학부모의 소리를 경청할 수 있는 장치를 마련하여야 한다. 첫 학부모 통신은 늦어도 새 학기 일주일 안에 보내는 것이 좋다.

학부모는 학생의 새 담임선생님에 대해 궁금한 점이 많을 것이다. 따라서 교사 소개 및 인사, 향후 학급 운영 방향이나 학부모와의 소통 방법에 대한 안내 등의 내용으로 학부모 통신을 보내는 것이 좋다.

제1호 학부모 통신

 안녕하십니까?

저는 올해 댁의 귀한 자녀를 맡은 ○학년 ○반 담임교사 ○○○입니다.

한 해 동안 크고 작은 일들을 학부모님과 함께 의논하며 학부모님의 귀한 자녀들의 꿈을 키워 가고자 합니다.

자녀의 학교생활이 궁금하시면 언제든 학교로 연락 주시고, 가정에서 학교에 전달할 내용이 있을 때는 알림장 뒤표지 봉투를 이용하시면 되겠습니다. 또한 자녀들의 학교생활 모습은 학급 밴드를 통해 보실 수 있도록 하겠습니다. 안전하고 즐거운 교실에서 자녀들이 열심히 공부하며 함께 꿈을 찾고 키워 나가도록 담임으로서 최선을 다해 자녀의 학교생활을 지원하겠습니다.

2024년 3월 ○일

담임 ○○○

※ 추신: 자녀 편에 보내 주실 준비물은 다음과 같습니다. 등

나. 학부모 학교 방문의 날

사람과 사람 사이의 첫인상은 사회적 상호 관계를 맺는 데 매우 중요한 역할을 한다. '학부모 교육 설명회 및 학급 경영 설명회'는 교사와 학부모 간의 첫 공식적인 만남이다. 이전까지는 '학부모 총회'라 하여 '담임과의 만남'은 총회 속에 포함되는 하나의 일정 정도로 생각해 온 면이 없지 않다. 하지만 최근에는 학교 단위의 교육 설명회 못지않게 담임의 학급 경영 설명회의 비중이 점점 커지고 있다. 이는 당연한 현상으로 보여진다. 그럼에도 신학기가 되면 교사 입장에서는 학부모와의 첫 만남을 어떻게 준비해야 될지 잘 몰라 긴장과 부담을 느끼는 것이 사실이다. 학부모들도 마찬가지로 새 담임 선생님은 어떤 분일지 설렘과 긴장감 속에서 이날을 기다린다. 담임과 학부모 간 탄탄한 동반자 관계를 유지하기 위해서는 담임의 교육관과 교과 지도 방침, 학생들의 발달 특성, 그동안 관찰한 학생들의 모습, 생활 지도를 포함한 학급 경영의 구체적인 부분까지 꼼꼼하게 준비하여 설명할 필요가 있으며, 이때 형성된 담임에 대한 긍정적 이미지는 담임의 교육 방식에 대한 적극적 지지의 동인으로 작용된다. 또한 가정교육(부모)과 학교 교육(담임)의 일관성 유지는 물론 교육 현장에서 흔히 일어나곤 하는 상호 불필요한 오해나 불신의 싹을 예방할 수 있는 절호의 기회이기도 하다.

1) 다과 준비

테이블에 한두 가지 다과를 준비한다. 3월은 쌀쌀한 날씨이므로 커피포트에 물을 끓이고 잔과 차를 준비한다. 음식은 따뜻한 사회적 분위기를 조성하는 데 큰 도움을 주므로 차 한 잔과 다과 하나에서도 선생님의 따뜻한 마음을 학부모들은 읽게 될 것이다.

2) 학생 작품

3월 초는 1년간 학교, 학급 운영의 기반을 마련하는 일들이 동시다발적으로 일어나기 때문에 정상적인 학급 운영이 어려운 시기이기도 하다. 그러나 초대받은 학부모 입장에서는 자녀의 작품을 만나 보는 것만큼 큰 선물도 없을 것이다. 거창한 작품이 아니어도 무방하다. 학생들이 손수 제작한 시나 글, 그림, 그 외 학습 결과물에 이름표를 붙여 게시판에 게시하거나 교실에 전시하면 최고의 환영 분위기를 연출할 수 있고, 상담의 매개 수단이 되어 주기도 한다.

3) 명찰

학부모와 보호자들에게 명찰을 제공하여, 누가 누구의 보호자인지 잘못 추측하는 일이 없도록 한다. 보호자와 학생 모두의 이름을 쓸 공간을 마련하고 직접 써서 패용하도록 안내해도 좋다. 또는 학생들로 하여금 이름 삼각대를 만들어 자신의 이름과 함께 방문할 부모님 이름을 기록하게 한 후 사용하는 것도 하나의 아이디어가 될 수 있다.

4) 견본 교과서와 자료

교실 한쪽에 교과서와 그 외 자료를 전시한다. 교육과정의 수시 개정 체제, 다양한 출판사의 교과 선택 등으로 해당 학년의 교과서나 그 외 자료에 대한 소개와 사용 방법을 안내하는 것은 더욱 중요한 일이 되었다. 특히 과거처럼 교과서의 내용은 하나도 빠짐없이 다 가르쳐야 한다는 고정 관념에서 벗어날 수 있도록 안내하는 기회로 삼을 필요가 있다.

5) 질문 카드

문 앞에서 학부모와 보호자들이 등록을 하면 그들에게 인덱스카드(기명 또는 무기명)를 제시하고 카드에 교사나 학교에 하고 싶은 질문을 적어 정해진 바구니나 상자에 넣도록 한다. 협의회가 시작되기 전에 카드를 읽어 보고 즉석에서 대답하거나 논의할 주제는 당일 다루고 나머지는 별도의 방법을 통해 소통할 수 있도록 한다.

6) 유인물

당일 사용할 유인물은 가급적 하나로 묶어서 활용하고 방문하지 못한 학부모나 보호자에게는 이튿날 학생 편에 전달하거나 학급 운영 플랫폼, 학급 홈페이지 등에 올려 공유하도록 한다.

이렇게 했어요!

- 사전 준비: 사전 설문 내용, 학급 경영 계획 주요 내용(종이 자료)
- 만남의 자리 배치: ㅁ자 형태, 가운데 화분 배치, 칠판에 환영 메시지 및 진행 순서 게시
- 인사 나누기 및 담임 자기소개: 경력, 교육관, 학생관 등
- 학부모 소개: 자녀 이름과 함께 학부모 자기소개하기 및 자녀 교육관 소개(학생과 학부모명을 병기한 삼각대를 학생이 직접 만들어서 사용함)
- 학급 운영 계획 발표하기: PPT나 유인물을 활용하여 발표
- 자유 토론: 궁금한 모든 것에 대해 열린 마음으로 토론(담임이나 학교에 바라고 싶은 것)
- 사후 활동: 토론 시간에 협의한 내용이나 건의 사항 중 학교 전체에 해당되는 내용은 정리해서 교무부장께 전달하고 필요한 것은 동 학년에도 공유

- D초등 C교사 사례 -

약속했어요!

- 인성 교육: 친구들에겐 매너를, 어른들께는 예절을
- 지성 교육: '생각하기'를 좋아하는 우리 반 아이들
- 학급 특색: 3무 학급(욕, 따돌림, 거짓말)/작가처럼 글을 잘 쓰는 우리 반
- 학급운영 원칙: 모든 학생들을 공평하게 대할 것이다. 인격을 존중할 것이다. 자신의 장점과 단점, 잘못한 점을 정확하게 알고 강점은 키우고 단점과 잘못은 깨닫고 함께 변화하며 성장할 것이다. (학생, 학부모 지속적 공유로 일관성 있는 학급 운영)
- 담임선생님과의 상담은 이렇게: 사전 약속 정하기 및 상담 절차 안내

- D초등 C교사 사례 -

Chapter 2.

학급 경영을 위한 준비

포인트 꼭꼭!

☐ 학급 경영에서 가장 중요한 것은 학급이라는 텃밭이다.

☐ 학생들의 들숨과 날숨을 같이 하며 학생들의 재치를 보라.

☐ 교과 지도와 학급 활동이 톱니바퀴처럼 맞물려 돌아가면서 학생들의 올곧은 성장
  을 돕는 학급 경영을 하라.

학생들과의 만남은 '학생 읽기'에서 시작된다. 새 학년 첫날, 학생도 선생님도 서로 궁금해지는 것은 사실이다. 학생과 선생님, 학생과 학생끼리의 탐색 기간이 필요하다.

가. 학생을 읽는 방법

이것저것 여러 가지 방법을 동원하기보다는 학년에 맞게, 교사 자신의 취지에 맞게, 학생들 사정에 맞게 몇 가지 방법을 심층적이고 지속적으로 진행하는 게 좋다.

1) 놀이로 읽기

3월, 첫 만남을 치른 지 얼마 되지 않았는데 상담을 하는 건 이른 감이 있으니 놀이를 하면서 학생의 성격을 파악해 보는 것이 좋다. 이때 교실에 앉아서 하는 놀이보다는 운동장으로 데리고 나가 편을 갈라 겨루는 놀이가 더 좋다.[1]

2) 간단한 프로그램으로 많은 정보를

아리랑 곡선(생애곡선) 그리기 등 간단한 양식을 이용하면 뜻밖의 많은 것을 읽을 수 있다.

3) 학부모 설문으로 정보와 신뢰를 동시에

필요한 문항을 간결하고 풍부하게 넣어서 작성한 학부모 대상 설문지는 학생을 통해서 알 수 없었던 가족관계, 학생의 병력이나 특별히 배려해야 할 사항을 알 수 있게 해 준다.

---

[1] 교실 놀이 참고 자료: 서준호선생님의 교실놀이백과 239, 지식프레임. 수업이야? 놀이야? 허쌤의 수업놀이, 꿀잼교육연구소.

4) 수업 시간에 학생 읽기

학생 파악의 기본은 관찰이다. 학생의 청소하는 모습, 자리에 앉아서 짝과 이야기하는 모습, 쉬는 시간에 노는 모습 등등 모두가 교사에게 무언의 메시지를 전하는 관찰 자료이다.

나. 알고 싶어요 (예시)

선생님께 알려드리는 우리 아이 이야기

○○초등학교

이 설문은 교육에 대한 학부모님들의 기대치와 바람, 그리고 학생의 가정 환경과 생활, 학습 습관 등을 자세히 알아봄으로써 학생을 좀 더 알차게 지도하기 위한 자료로 쓰고자 실시하는 것입니다.

교육적인 용도 이외에는 사용하지 않을 것을 약속드리니, 바쁘시더라도 솔직하고 꼼꼼하게 써 주시기 바랍니다. 감사합니다.

학생이름	(한글)	가족 관계	관계				
	(한자)		이름				
현주소							
연락처	(집 전화)		(학생 휴대폰)				
	(아버지 휴대폰)		(어머니 휴대폰)				
	(그 외 비상시 바로 연락 가능한 전화번호)						

학생관 / 교육관

1. 자녀가 어떤 직업인이 되기를(희망 직종) 바랍니까?

☞

---

2. 올 한 해 동안 자녀의 어느 부분이 특히 발전했으면 좋겠습니까?

　① 학력 향상　　　　　　② 건강 증진　　　　　　③ 교우관계

　④ 바른생활습관　　　　　⑤ 기타 (　　　　　　)

3. 자녀가 어른이 되었을 때 어떤 모습으로 성장해 있길 바라십니까?

　☞

4. 학교 교육 활동에 대한 제안이 있으면 자유롭게 써주십시오.

　☞

가정 환경

1. 지금 같이 사는 식구들은 누구입니까?

관계	이름	생년월일	직업(안 적어도 됨)	비고

2. 자녀에 대한 문제(용돈, 학원, 성적관리 등)는 누가 주로 결정을 합니까?

　☞

3. 자녀의 학교생활에 주로 도움을 주는 사람은 누구입니까?

　☞

4. 자녀가 집에 돌아와 학교에 관한 이야기를 하는 편입니까?

　① 자세히 한다.　　　　　② 조금 하는 편이다.

　③ 물어봐야 대답한다.　　 ④ 전혀 하지 않는다.

5. 자녀와 대화는 어떻게 이루어집니까?

　① 언제든 자연스럽게 이루어진다. ② 사안이 생길 때마다 불러서 한다.

　③ 별로 대화를 하지 않는다. 　　　④ 기타 (　　　　　　　)

6. 자녀가 가족 중 특히 따르는 사람은 누구이며, 그 이유가 무엇이라고 생각합니까?

　☞

7. 가정 환경으로 인해 학교에서 도움을 얻길 바라는 부분이 있다면 솔직하게 써 주세요. (다양한 가족 형태나 학교 중식 지원 및 저소득 지원 등)

　☞

학습 환경

1. 현재 자녀의 학업성취도(성적 및 노력)에 만족하십니까?

　① 만족스럽다. 　　　② 보통이다. 　　　③ 만족스럽지 못하다.

2. 집에서 '공부하라'는 소리를 자주 하십니까?

　① 알아서 하기 때문에 전혀 하지 않는다. 　② 조금 하는 편이다.

　③ 시키지 않으면 안 하기 때문에 많이 한다. ④ 기타 (　　　　　　)

3. 사교육을 받고 있다면 어떤 것을 배우고 있습니까?

학원이나 학습지	배우는 것	주당 횟수 및 시간

4. 사교육을 시키고 있다면 그 이유는 무엇입니까?

    ☞

5. 자녀의 성적이 오를 경우 어떤 방법으로 격려를 해 줍니까?
    ① 용돈을 준다.   ② 외식으로 격려한다.
    ③ 약속한 것을 사 준다.   ④ 말로 격려한다.
    ⑤ 기타 (   )

6. 가정에 학습 환경에 도움이 되는 것이 있습니까? (O, X)

책	컴퓨터	프린터	인터넷	그 외
약 권				

7. 자녀의 학습 습관 중에서 이것만은 꼭 고쳤으면 하는 점이 있다면 무엇입니까?

    ☞

생활 지도

1. 자녀는 방을 어떻게 쓰고 있습니까?
    ① 혼자 쓴다.   ② (   )와 함께 쓴다.
    ③ 방이 따로 없다.

2. 자녀가 친하게 지내는 친구를 2명만 써주세요.
    (   )학년 (   )반 이름 (   )
    (   )학년 (   )반 이름 (   )

3. 용돈은 얼마쯤 주며 주로 무엇에 씁니까?

    ☞

4. 평소에 자녀에게 특히 강조하고 있는 생활 습관은 어떤 것입니까?

☞

5. 자녀의 성격 가운데 장점은 무엇이라고 생각하십니까?

☞

6. 자녀의 성격 가운데 단점은 무엇이라고 생각하십니까?

☞

7. 자녀의 건강 가운데 염려스러운 점이 있다면 어떤 것입니까?
   (우유 급식이나 학교 급식에서 주의할 점이 있으면 써주세요.)

☞

※ 기타 담임에게 하고 싶은 말씀이 있으면 써주십시오.

감사합니다.

 Tips

※ 가정 환경조사서에 학부모의 주민등록번호나 직업, 수입 등의 개인정보나 인권 침해
  요소가 있는 내용은 포함시키지 않는다.

※ 가정 환경조사서 배부 시 회송용 봉투를 함께 보내고 밀봉하도록 안내하면 사생활 유
  출에 대한 불안감을 줄일 수 있다.

□ 개인정보가 유출되지 않도록 보관 및 폐기에 유념한다.

가. 학급 경영 계획 수립

> 학생들은 방해받지 않는 일상과 리듬을 원한다. 예측할 수 있고 질서정연한
> 세계를 원한다. -Abraham Maslow-

1) 나만의 학급 경영 계획서 만들기

가) 구체적인 학급 경영관 설정

경북 교육의 방향, 학교 교육의 목표, 학교 특색을 고려하여 학급 경영관을 세우고, 동 학년 선생님들과 일기 쓰기, 독서 등 인성 지도와 글쓰기, 발표력, 중점 지도 교과 등을 함께 의논하여 계획을 세운다. 가능한 성과 기준을 정하고 계량화하여 평가의 지표로 삼는다. 너무 추상적이거나 뜻만 좋은 말로 된 학급 경영은 오히려 효과가 떨어진다. '나는 일 년 후 학생들이 어떤 모습을 갖기를 원하는가?'가 명확하다면 바로 그것이 학급 경영 목표가 될 것이다.

□ 자신감 있는 어린이
- 자신의 생각을 자유롭게 표현하고 자기 행동과 선택에 책임지는 자존감 높은 어린이

□ 친구를 사랑하고 돕는 어린이
- 친구의 다름을 수용하고 존중하며 함께 문제를 해결하는 경험에 즐겁게 참여하는 어린이

□ 스스로 생각하고 행동하는 어린이
- 바르게 말하고 듣고 쓰는 기본 능력을 갖추며, 자신이 할 일을 알아서 처리하는 자

주적인 어린이

나) 학생들의 특성

피아제의 발달단계, 신체적, 정서적, 지적, 사회적 특징을 이해한 후 학생 개인에게 초점을 맞춘다.

☐ 학생들의 기초 학습 수준
☐ 학습 태도 및 기본 생활 습관
☐ 학부모의 교육에 대한 열의 및 환경
☐ 한 부모 자녀·특수교육대상자·생활 부적응학생 파악 및 지도 대책을 수립한다.

다) 교사의 목표

☐ 마음과 행동이 따뜻한 교사
• 학생들과 신체적인 움직임을 많이 하기

☐ 치밀한 교사
• 세심하고 따뜻하게 보살피기
• 계획을 갖고 학급 활동 준비하기

☐ 학습자료 준비, 교재 연구 철저히!
• 매일 한 가지씩 자료 준비, 자료 수집

☐ 수업 일지 쓰기
☐ 학생들과의 약속을 꼭 지키기!

라) 학급 경영의 원칙

□ 즐거운 마음으로 학교생활을 할 수 있도록 한다.

□ 학생들을 존중하며 사랑과 따뜻함으로 대한다.

□ 학교생활 적응과 기본 학습 능력, 생활 능력 향상에 중점을 둔다.

□ 학부모와의 관계를 긴밀히 하며 모든 학생들을 세심히 보살핀다.

□ 학교생활이 더불어 사는 공동체 경험의 기회가 되도록 활동한다.

□ 체험학습을 위주로 한다.

□ 체벌하지 않는다.

2) 학급 경영 교육 목표

배움은 더하고 존중을 곱하여 소통하며 미움 Down! 행복 Up!으로 즐거운 우리 교실!

□ 배움이 바탕 되는 교실 환경 속에서 상호 간 존중하는 문화를 꽃 피우고, 활기찬 학교 활동을 통해 자신이 행복하게 살기 위한 방향으로 나아가는 모습을 의미한다.

3) 학급 경영 목표
가) 인지적 목표

즐거운 배움, 나누는 배움, 성장하는 배움!

□ 수업 활동을 통해 즐겁게 배우고 배운 지식을 나눌 줄 알며 자신이 배우고 싶은 것과 궁금한 것, 더 알고 싶은 것을 스스로 내면화할 수 있는 자기 주도적 배움을 통해 성장하는 것을 의미한다.

나) 정의적 목표

겸손을 바탕으로 주변을 배려하며 협동하는 공동체!

□ 존중의 출발점이 되는 자기 겸손을 통해 주변과의 관계 시 배려하는 습관을 체화하고 이를 통해 타인을 도우려는 의식을 기른다는 의미를 가진다.

다) 행동적 목표
배움과 존중이 바탕이 되는 활기찬 학교생활!

□ 인지적, 정의적 목표를 바탕으로 교육과정상의 교육 내용을 생동감 있고 적극적인 자세로 배워 나가는 것을 의미, 또한 건강한 신체 발달에 집중하는 것을 의미한다.

이렇게 해요!

하루를 즐겁게 마무리하는 가장 좋은 방법은 칭찬이다.

• 학생의 이름을 부를 때 사용하는 막대나 카드 혹은 명찰을 임의로 나누어 준다.
• 모든 학생들은 자기가 받은 이름의 학생을 돌아가면서 칭찬한다.
  그러면 모든 학생들이 칭찬을 하고 칭찬을 받는다.
  - (예시) 미나가 영주의 막대기나 카드를 받으면 다음과 같이 말한다.
  "나는 영주를 다음과 같이 칭찬하고 싶다…" 그러면 영주가 말한다.
  "고마워." 그런 다음 자기에게 주어진 다른 사람을 칭찬한다.
  그런 식으로 하면 학생들은 긍정적인 생각을 가지고 내일을 기대하며 하교하게 된다.

나. 월별 학급 경영 계획서(예시)

월	지도할 내용 및 참고 사항
2	● **학급 경영 기초 다지기** - 기초 환경조사서, 개인정보 동의서 - 학생 준비물 목록(학생개인용, 모둠용, 교사용) - 담임 소개 편지(인사, 교과 지도, 생활 지도, 상담 안내) - 이름표 만들기(환경게시판, 신발장, 포트폴리오, 사물함, 작품, 화분 등) - 학생 개인명찰 - 1인 1역할판 - 자리 배치도, 학생 명부(교과전담교사에게 발송) - 환경판 구상안(교과, 생활, 창의 인성, 독서, 진로, 작품게시) ● **학습 및 생활 지도 기초 다지기** - 집중 및 수업 수신호 구호 약속 - 학급 규칙 예시안(배움 덕목, 재미있는 벌) - 강화기제(칭찬통장, 스티커판, 상벌점제) - 기초학습 훈련안(듣기, 발표, 모둠토의 훈련) - 줄서기 및 이동(급식소 이동 경로, 운동장 집합 장소, 특별실 이동) - 교가 외우기(교사가 모범) - 3월 첫 주 주간 학습 계획안(학습 훈련, 교과 생활) - 업무 인수·인계, 교실 배치(분리수거함, 학급 문고) - 청소구역, 청소 방법 확인(청소 비품 확인) ● **학급 세우기 기초 다지기** - 학급 교육과정 계획 - 교사 첫인사(학생 대상, 학교 발령 인사말, 전 직원 대상) - 3월 첫 주 학급 세우기 계획(소개, 관계 형성, 규칙 선정 등) - 학급 운영 및 규칙에 대한 학부모 안내 ppt

3	● 3.1절 관련 지도 ● 급훈 및 학급 특색 선정 및 실천 지도 ● 기본생활습관, 학습 태도 및 방법, 용의 단정 지도 ● 학급 규칙과 연계한 세밀한 생활 지도 ● 학생 이해 자료 준비 및 인성 · 진로 지도 ● 학생 비상연락망 조직 ● 학급 규칙 및 1인 1역 정하기 ● 학급 비품 준비 및 안전 지도, 자리 배치, 학급 환경 조성 ● 학급 어린이회 구성 및 지도 ● 교실 비품 관련 및 안전 지도 ● 학부모 설명회 및 학부모 상담 ● 학급문집 계획서 짜기 ● 진단평가 실시(기초학력 진단 및 계획 수립)
4	● 식목일(1인 1식물 심기), 4.19 관련 지도 ● 과학의 날 행사 및 각종 과학탐구대회 참가 권장 ● 장애이해교육　　　　● PAPS검사 ● 현장체험학습 준비, 안전 생활 지도
5	● 어린이날, 어버이날, 성년의 날, 스승의 날 관련 지도 ● 교통안전교육　● 생명존중 예방 교육　● 학교폭력 예방 교육 ● 1인 1역 및 모둠과 자리 교체
6	● 현충일 관련 지도　　　　　　● 6.25 계기 교육 ● 다문화 교육, 평화 프로젝트　● 심폐소생술
7~8	● 제헌절, 광복절 관련 지도　　　● 진로 교육 ● 1학기 학생 평가 및 나이스 입력 ● 여름방학 생활계획표 작성 및 방학 중 생활 안전교육 실시 ● 학생 비행 및 탈선, 약물 오남용, 도박, 컴퓨터 중독 예방 지도 ● 생존수영교육　　　　　　● 방학 중 비상연락망 점검 ● 방학 중 학생 실태 확인(전화, zoom 등), 2학기 학급 경영계획 수립

9	● 2학기 학급 세우기(2학기 다짐, 약속과 규칙) ● 2학기 학급어린이회 조직　● 2학기 학부모 설명회 및 상담 ● 추석 관련 전통 문화 지도　● 학교폭력 예방 교육
10	● 개천절, 한글날 관련 지도　● 현장체험학습 안전 지도 ● 학급·학교 문화 예술 행사, 적극 참여 지도 ● 생태환경교육
11	● 겨울철 안전교육　● 흡연 예방 교육 ● 학급문집 제작을 위한 아나바다장터
12~1	● 불우 이웃돕기 모금활동 지도 ● 학년 말 성적 정리 및 통지표 작성 ● 겨울방학 안전 및 중독 예방 교육 ● 겨울방학 생활계획 세우기 ● 방학 중 비상연락망 점검 ● 학급 문집 만들기 ● 방학 중 학생 실태 점검(전화, zoom 등) ● 취미와 소질에 맞는 재능 기부회 열기 ● 학년 말 마무리(학급특색 반영)
2	● 졸업식장 질서 유지 지도 ● 졸업식 전·후 교내외 생활 지도 ● 종업식 준비 철저 ● 학년 말 생활 지도 강화 ● 학급 경영 평가 및 생활 지도 반성 ● 신학년도 계획 수립

참고: 한국교육학술정보원(2006), 초임교사를 위한 장학가이드북
초등 학급 경영의 이론과 실제(2017), 박남기 외 9인, 교육과학사

Tips

※ 학급 경영 계획서에는 정해진 틀이 없다. 교사 나름의 생각과 관점을 가지고 만든 것은 모두 다 계획서의 틀이 될 수 있다.

연간계획서의 내용은 보통 다음과 같은 개요로 구성한다.

① 학급 경영의 목표 ② 교사 개인의 철학 및 목표 ③ 학생들의 특성

④ 학급 경영의 원칙 ⑤ 학급 경영의 주요 방법 ⑥ 학기별(월별) 계획

다. 특색 있는 급훈 만들기

1) 급훈의 필요성

요즘은 주로 학급안내판에서 급훈을 발견한다. 예전처럼 '근면', '성실' 등과 같은 틀에 박힌 것이 아니라 톡톡 튀는 급훈이 유행이다. 하지만 초등학생들에게는 튀는 급훈보다 학생들의 눈높이에 맞는 것이 더 효과적이다.

2) 급훈 만들기의 단계

- 1단계: 교사의 학급운영 중점 이야기하기

- 2단계: 급훈을 모둠별로 나누어 써 내기

- 3단계: 학급 회의에서 최종적으로 결정하기

- 4단계: 학급 급훈을 게시하고 학부모에게도 알리기

3) 학급 급훈(예시)

- 진실한 나, 당당한 나, 노력하는 나
- 꿈은 높게, 생각은 깊게, 더불어 함께
- 할 때 하고 놀 때 놀자
- 자신에겐 최선을, 친구에겐 도움을
- '틀림'은 너와 나를 멀어지게, '다름'은 너와 내가 하나 되게
- 작은 것부터 지키자.
- 최고보다 최선을
- 웃어줄 때 잘해
- 20개의 빛을 모으자.
- 이왕이면 잘 하자
- 나비가 날아드는 꽃밭이 되자

4) 학급 약속

우리의 약속	서로 한마디	약속해요
친구 사랑하기	사랑합니다.	자세는 바르게
소곤소곤 말하기	감사합니다.	생각은 깊이 있게
사뿐사뿐 걷기	할 수 있습니다.	발표는 큰 소리로
물건 아껴 쓰기	미안합니다.	수업 시작 전 학습 준비하기
뒷정리하기	행복합니다.	교실 뒷정리 깔끔하게

- 자기 할 일은 스스로 하자.
- 하루 10분은 꼭 독서하자.
- 하루 한 가지씩 좋은 일을 하자.

5) 선생님의 다짐도 함께

- 여러분을 진심으로 사랑하고 여러분들의 사랑을 받기 위해 노력하겠어요.
- 행복한 학교생활을 통해 삶의 즐거움을 가르쳐 주겠어요.
- 더 가지기보다는 나누어 주는 삶의 기쁨을 가르쳐 주겠어요.
- 희망을 심어 주고 계획을 세우게 해서 스스로 실천하도록 도와주겠어요.
- 계획적이고 알찬 학급 운영으로 여러분들의 잠재된 능력을 최대한 계발하겠어요.
- 항상 미소로 대하며 화를 내지 않도록 노력하겠어요. 그런데 이것은 여러분들이 많
  이 도와줘야 해요. 아무리 노력해도 여러분들이 도와주지 않으면 정말 힘들 거예요.
  좋은 선생님은 바로 여러분에게 달려 있어요.

라. 가정에서 부모님께서 협조해 주실 부탁 말씀

- 아침식사는 꼭 하고 와서 군것질을 하지 않게 해 주십시오. 굶고 오는 학생들은 기
  운이 없고 정서가 불안하여 학습하는 데 어려움이 많습니다.
- 가능한 TV 시청 및 컴퓨터 활용 시간 등에 대한 부모님의 기본적 원칙을 세우고 지

도하여 주시기 바랍니다. 되도록 시청을 줄여주시고 보게 되는 경우 뉴스나 동물의 세계 등 교육적 고려를 해 주십시오(자녀가 공부하는 동안에는 부모님께서도 TV 시청을 안 하시는 것이 자녀에게 도움이 됩니다).

- 숙제는 꼭 하도록 하여 매일 공부하는 습관을 지니도록 격려해 주십시오. 스스로 과제를 해결하는 힘을 기르게 되면 학력은 저절로 높아지게 됩니다.

- 집안일 스스로 하기(이불 개기, 책상 정리, 책가방, 실내화 세탁 등등)를 통해 부모님의 고마움과 가족 사랑을 깨닫게 해 주시고 정돈된 분위기에서 공부할 수 있도록 주변을 정리하는 습관을 길러주십시오.

- 국어사전을 구입하여 어려운 어휘는 스스로 찾고 공부하게 하여 어휘력과 한자어에 대한 감각을 익히게 해 주십시오. (국어공부에도 많은 도움이 됨)

- 책을 가까이하도록 많은 도움을 부탁드립니다.

  (만화책 적당히 보기 지도-심각한 읽기 능력의 빈곤현상 초래 예방)

  (서점이나 도서관에 함께 가기, 책 선물하기, 책 읽어 주기 등등)

- 샤프 대신에 연필을 사용하여야 소근육 발달에 도움이 되어 머리도 좋아지며 필체도 바르게 형성됩니다. (저학년에서 꼭 안내)

피해야 할 것!

♣ 학기 시작 시 피해야 할 실수

• 너무 바쁘다고 학급 규칙이나 약속 위반 행위를 내버려 두는 것

• 일상을 이해했는지 점검하는 데 충분한 시간을 할애하지 못하는 것

• 한꺼번에 너무 많은 일상이나 활동을 소개하는 것

• 학생들이 실천해 볼 필요가 없다고 생각하는 것을 사전 차단하는 것

마. 학급 규칙의 제정 및 운영 방법

1) 학급 규칙 제정 절차

1~2학년(학생이 적극적으로 참여하되 교사의 역할 비중이 조금 더 많음)
- 교사가 학급의 실정을 파악하기
- 교사가 학급의 실정을 고려하여 학급 규칙 제정하기
- 교사가 학급 규칙의 필요성과 만든 학급 규칙을 학생에게 설명하기
- 학생들이 제시한 의견을 학급 규칙에 반영하여 확정하기
- 학생들에게 알리고 학급에 게시하기
- 정해진 학급 규칙을 학부모에게 알리고 협조 구하기

3~6학년(학생과 교사가 함께 만들기/학생이 주도하에 교사는 도와주기)
- 교사가 학급의 실정을 파악하기
- 교사가 학급 규칙의 제정 필요성을 학생에게 설명하기
- 학생회에서 학급의 실정을 고려하여 학급 규칙 제정(규칙 제정을 위한 대표 구성 → 대표와 교사가 규칙(안)을 만듦 → 학급회의에서 통과)
- 학급에서 만들어진 규칙을 학생들에게 알리고 학급에 게시하기
- 정해진 학급 규칙을 학부모에게 알리고 협조 구하기

2) 학급 규칙의 요건
- 학생들을 학급에서 적용될 규칙 설정에 참여시킴
- 규칙은 명확하게 진술하고 가능한 한 적게 제정함
- 학생들은 학급에서 합의한 규칙들에 대한 수락을 분명하게 밝힘
- 학급 상황에서 설정된 규칙들은 학급 외부에서 경험하는 규칙과 상충될 수 있기 때문에 이를 확인하기 위하여 학생 행동을 점검하고 자주 토론회를 가짐
- 학생들은 규칙들이 중요한 타인(부모나 친구들)에게 인정되고 있음을 알 때 그 규칙들에 따라 행동할 가능성이 높으므로 학급 규칙을 학부모들에게 홍보함

3) 학급 규칙 운영상 유의점

교사

● 제정된 학급 규칙을 학생과 학부모에게 알리고 교실에도 게시

● 모든 학급활동에 학급 규칙을 일관성 있게 적용

● 교사가 학급 규칙을 지키는 모범을 보임

● 모든 학생에게 똑같이 학급 규칙을 적용

● 학부모와 협조하여 규칙을 지킬 수 있도록 지도

● 학급 규칙에 대한 평가를 지속적으로 실시
   (체크리스트, 평가기록부 작성 활용 등)

● 학급 규칙을 지킨 결과를 학생의 행동발달상황과 종합 의견 등에 반영

학생

● 학급 규칙 제정에 적극적으로 참여

● 제정된 학급 규칙은 반드시 지키려는 자세를 가짐

● 학급 규칙에 대한 의견을 제시하여 수정 보완하여 나감

● 스스로 학급 규칙의 준수 상황을 평가

● 학급 친구들이 학급 규칙을 잘 지킬 수 있도록 도움

학부모

● 교사의 협조 요청이 있을 때 적극적으로 협조

● 학급 규칙이 잘 지켜질 수 있도록 가정에서 지속적으로 지도

● 학부모도 학급 규칙과 관련된 규칙을 지켜 모범을 보임

● 학급 규칙에 대한 의견을 교사, 학생에게 제시하여 수정 보완

● 학생과 학급 규칙 준수에 대한 대화를 수시로 함

◎ Tips 잘못된 규칙과 잘된 규칙의 예

잘못된 규칙	잘된 규칙	이유
선생님이 허락하지 않으면 이야기할 수 없다.	도움이 필요하면 손을 든다.	규칙은 간단하고 짧게
교실은 어지럽히지 않는다.	뒷정리는 척척!	긍정적인 진술로
올바르게 행동한다.	조용히 않는다.	관찰 가능하도록
늦게 제출한 숙제는 절대 안 받는다.	숙제 제출 기한을 지킨다.	유연성 있게

4) 학급 규칙의 실제(예시)

영역	세부영역	생활규칙
교과	수업	① 수업 시간 전에 책과 준비물 준비해 놓기 ② 수업 시간 중엔 수업과 관계없는 말 하지 않기 ③ 바른 자세로 앉아 선생님 설명과 친구 의견 경청하기
	과제	① 미리미리 확인해서 성실하게 해결하기 ② 못한 숙제에 대해 스스로 세운 약속(개인의 상황이 다르므로 존중해서 설정해야 함) 지키기
	특별실 사용	① 이동 시엔 복도에 남, 여 각각 1줄로 정렬 ② 이동 중 장난을 칠 경우, 전체적으로 주의 ③ 교실에서 약속한 규칙을 특별실에서도 지키기 ④ 수업 후 주변 정리하고 간단하게 청소하기
생활	청소	① 청소확인은 교사, 도우미는 청소확인표에 체크하기
	급식	① 급식은 남기지 않고 먹되 개인 알레르기 음식 등 확인하기
	교실	① 소곤소곤 이야기하기 ② 사뿐사뿐 걷기 ③ 휴지는 휴지통에만 버리기 ④ 괴성 및 과격한 놀이 하지 않기
	복도·계단	① 오른쪽으로 다니기 ② 조용하게 걸어 다니기

인성	일기	① 정해진 주제대로 성의 있게 쓰기 ② 감정을 이해하고 공감하는 능력을 키우기 위해 감정을 나타내는 단어 사용해서 쓰기
	아침 활동	① 학급 내에서 정해진 시간까지 등교하기 ② 아침활동 해결한 후엔 담당자에게 확인받기
	친구 관계	① 친절하고 예의 바르게 대하기 ② 욕하거나 거짓말하지 않기 ③ 싸우거나 편가르거나 따돌리지 않기
	선생님 관계	① 예의바른 태도로 인사하고, 존대하기 ② 선생님에 대한 불만은 정직하고, 진실하고, 예의바르게 표현하기
	선후배 관계	① 선배를 무시하지 않고 존대하며, 문제가 생겼을 땐 선생님께 즉시 이야기하기 ② 후배를 사랑으로 아껴 주고, 때리거나 욕하지 않기

바. 창의적인 행동 수정 방법

친구랑 다투었을 때	● 친구의 손 닦아주기 ● 친구 얼굴 씻어주기 ● 학 20마리 접어 친구에게 건네기 ● 친구에게 편지쓰기 ● 상대방 장점 10가지 말하기	● 1주일 동안 짝 되어 주기 ● 친구끼리 새끼손가락 걸어 5분간 마주보기 ● 다툰 학생 이름 종이 가득 쓰기 ● '나는 너를 사랑한다.' 10번 외치기 ● 1시간 동안 둘만의 시간 갖기
학급 규칙을 어겼을 때	● 운동장에서 작은 돌 줍기 ● 교실 쓰레기 줍기 ● 쓰레기통 분리배출하기 ● 선생님 책상 정리해 드리기 ● 생각 의자에 앉기 ● 시계 분침 10분 동안 응시하기 ● 8시까지 등교하여 교실 청소하기	● 반성문 쓰기 ● 우유 팩 깨끗이 씻어 말리기 ● 1주일 동안 교실 뒷정리하기 ● 가장 나중에 하교하기 ● 자기 마음에 두고 있는 이성 친구 이름 3번 외치기

모둠이 학급 규칙을 어겼을 때	● 계단 청소하기 ● 1주일 동안 아침 당번하기 ● 1주일 봉사활동하기 ● 학급도서 정리하기 ● 유리창 청소하기	● 학급용 화장지 2개 가져오기 ● 모둠 노래 2회 부르기 ● 모둠별 일기 쓰고 공개하기 ● 모둠 구호를 4회 이상 부르기 ● 하루 동안 모둠원들에게 존댓말 쓰기

🎯 Tips 학급 규칙, 어떻게 하면 잘 지킬 수 있을까?

※ 잘못에 대한 벌칙을 스스로 정한 뒤 벌칙 메모지에 적는다.

※ 벌칙 메모지를 벌칙함에 넣는다.

※ 벌칙을 받아야 할 때 벌칙함에서 한 장의 메모지를 꺼낸다.

※ 벌칙대로 이행하여 벌칙이 다음 행동을 수정하는 계기가 되도록 지도한다.

사. 체벌을 대신하는 훈육 활동

몸 움직이기 활동

● 학생들을 모두 일으켜 세웠다가 10초쯤 뒤에 앉게 한다. 이것은 수업을 진행할 수 없을
정도로 소란스럽다는 교사의 판단을 학생에게 전달하는 데 효과가 있다.

● 반 전체가 책임 없는 행동을 했을 때 교사의 마음을 전하고 싶을 때 쓰는 방법으로 모
둠별로 손을 잡게 한 다음, 나란히 서서 운동장을 한 바퀴만 돌고 오게 한다.

● 학급 규칙을 계속 어기는 학생들만 방과 후 남겨 둔 후 운동장에서 둘씩 짝을 지어서
서로 업어주면서 정해진 거리까지 갔다 오게 한다.

마음 움직이기 활동

● 학생들에게 감화를 줄 수 있는 시를 외우게 한다.

● 교사가 학기 초 선정해 둔 양서를 1권 읽고 난 후에 독후감을 쓰도록 한다. 이때 찡
한 감동을 줄 수 있는 책이어야만 마음을 움직일 수 있다.

● 가만히 손을 잡고 잠시 동안 있거나 어깨 위에 손을 가져다 놓는다.

● 점심시간에 손을 잡고 학교 이곳저곳을 돌아다니며 자연스럽게 이야기를 나눈다.

● '나 메시지' 방법을 활용하면 좋다. '그 상황에서 나는 이런 기분이 들더라. 또 이런 생각
   도 했지' 하는 식으로 문제 상황에서 '내'가 어떻게 느끼고 생각했는지를 담담하게 독백
   하듯 말하는 방법이다.

아. 구체적인 행동 안내

장소별

● 교실

- 필요 없이 서 있거나 남의 자리에 가지 않는다.

- 다른 교실이나 교무실을 출입할 때는 노크를 한다.

- 고함을 치거나 뛰지 않는다.

● 사물함, 교실 비품

- 다른 사람의 사물함은 손대지 않는다.

- 최소한 1주일에 한 번은 정리 정돈을 한다.

- 허락을 받고 필요한 물건만 사용한다.

- 사용 후에는 제자리에 정리 정돈한다.

● 신발장

- 실외에서 들어오기 전에 신발의 흙을 턴다.

- 신발장을 발로 차지 않는다.

- 신발은 꼭 신발장에 넣고 실내·외화를 잘 구별해서 신는다.

● 복도

- 친구와 얘기할 때는 작은 소리로 하고 복도에서 뛰어 다니지 않는다.

- 우측통행을 한다.

● 화장실

- 지정된 화장실을 이용한다.

- 노크를 생활화한다.

- 화장실에 낙서를 하지 않는다.

- 용변 후 반드시 물을 내리고 손을 씻는다.

시간별

● 등교 시간

- 웃는 얼굴로 친구와 선생님께 인사한다.

- 시간표 순서대로 책을 서랍에 넣는다.

- 떠들지 않고 조용히 앉아 책을 읽는다.

● 수업 시간

- 수업 활동에 적극적으로 참여, 발표한다.

- 발표할 때, 약속한 손 모양을 잘 지킨다.

  (질문: 손바닥, 찬성: 가위 표시, 반대: 주먹 표시)

- 다른 친구가 발표하는 것을 잘 듣는다.

- 수업에 방해되는 행동을 하지 않는다.

시간별

● 쉬는 시간

- 복도에서 뛰어다니며 소리 지르지 않는다.

- 원하는 활동을 한다.(독서, 공부, 대화, 놀이)

- 화장실은 질서를 지켜 조용히 다녀온다.

- 다음 수업 시간 교과서를 펴고 배울 내용을 살펴본다.

● 우유 급식시간

- 당번은 1교시가 끝나면 우유를 받아온다.
- 우유를 버리지 않고 잘 먹는다.

● 점심시간

- 식사 전에는 손을 씻는다.
- 질서 있게 줄을 서서 배식을 받고 소란스럽지 않게 한다.
- '잘 먹겠습니다' 인사를 하고 식사하며 편식하지 않는다.

● 청소 시간

- 각자 맡은 청소구역을 깨끗이 청소한다.
- 쓰레기는 분리 배출한다.

● 하교 시간

- 선생님과 친구에게 인사를 한다.
- 집으로 바로 돌아간다.

생각을 심으면 **행동**을 거두고,
행동을 심으면 **습관**을 거둔다.
습관을 심으면 **인격**을 거두고,
인격을 심으면 **운명**을 거둔다.

06 성공한 교사가 되기 위한 교단일지

가. 교단일지의 필요성

1) 교단일지 기록으로 모든 것이 객관화된 자료로 남는다.

2) 하루하루의 기록은 문제 발생 시점을 짚어보고 해결점을 찾는 데 도움이 된다.

3) 자신의 교육활동 방법이나 구조 개선을 위한 유용한 자료가 된다.

나. 교단일지 어떻게 시작할까?

1) 다른 교사의 교단일지 읽어 보기

2) 학생들 일기쓰기에서 배우기

3) 교단일지 쓰는 시간 확보하기(시간 정하기)

다. 여러 유형의 교단일지 엿보기

1) 토막토막 쓰는 일기

2) 학급의 일상을 기록한 일기

3) 매일의 수업을 기록한 일기

◎ Tips 좀 더 알아볼까요?

※ 비바샘 초등

　　https://e.vivasam.com/class/management/materials/list /학급 경영자료

※ 초등 티칭허브

　　https://thub.kumsung.co.kr/elementary/main.do/정보 · 소통/학급 경영자료

※ 아이스크림 에듀뱅크

　　AI https://edubank.i-scream.co.kr/clazzmng/list /학급 경영자료

※ 에듀니티, 학급긍정훈육법, 경기도교육청 초등교무학사 매뉴얼

교단일지(예시 1)

일주일 살림 계획

날짜	항목	내용 및 자료
월요일		
화요일		

☀아이사랑☀   2023년 월 일 요일

번호	이름	☺	☺	☺	☹	번호	이름	☺	☺	☺	☹
1						8					
2						9					
3						10					
4						11					
5						12					
6						13					
7						14					
업무 & 처리						오늘 수업	아침				
							1교시				
							2교시				
							3교시				
							4교시				
							5교시				
							6교시				
알림장						아해들					

오늘하루

☀기억하기☀

교단일지(예시 2)

반짝반짝 빛나는 하루

2023년   월   일   요일

확인 사항						학습 계획		
번호	이름					아침 활동		
1								
2						교시	과목	학습주제 및 주요활동
3								
4								
5								
6								
7								
8						방과후 활동		
9								
10						알림장		회의 및 전달 사항
11						1.		
12						2.		
13						3.		

학급 업무	업무
□	□
□	□

오늘 우리 반에 있었던 일!

학생 관찰·상담 일지

날짜	관찰·상담 내용	결과 및 조치 사항
○월 ○일( )		

07 인성과 학습을 위한 학생중심 환경구성

가. 학급을 어떻게 꾸밀 것인가?

1) 학습에 도움이 되는 물리적 공간으로 구성해야 한다.

2) 가구를 배열하고 재배치하는 일은 교사가 해야 할 첫 번째 일이다.

    가) 사적 공간과 조용한 읽기 공간을 확보한다.

    나) 역동적인 학급이 되도록 배열한다.

3) 벽, 창문, 천장, 책장은 예술 캔버스이다.

    가) 장식물들은 독특하고 자극적인 분위기를 연출한다.

    나) 장식물들은 학생들에게 매우 강력한 비언어적 메시지를 전달한다.

    다) 개학 전에 게시물을 고안하여 만들어 두도록 한다.

나. 학급의 청사진

전면						
	태극기					
〈창문9〉 작품걸이	〈창턱6〉 개인용, 학급용 화분 (관상용, 관찰용)	〈환경판1〉 장래희망을 담은 학생 개인 사진 등	칠판		〈환경판2〉 시간표/학급 규칙/ 역할분담	복도쪽
		텔레비전	컴퓨터		출입문	
		학생용 책·걸상			〈책장8〉 (파일 정리함)	
	〈공작물대7〉/사물함				출입문	
	〈환경판3〉 작품 전시 (그림, 글짓기 등)		〈환경판4〉 칭찬판 사랑의 편지함		〈환경판5〉 독서·각종 동아리 등의 공동 활동 결과물	

〈환경판1〉 '나'를 이해하고 알리는 코너

학생 개개인의 사진을 단순히 붙이기보다는 진로 지도를 겸해서 개인 사진과 함께 장래희망, 특기나 소질, 노력해야 할 점 등을 함께 붙인다. 학생들이 서로에 대해 관심을 갖게 되는 효과도 있으며, 무엇보다 스스로에 대해 생각해 볼 시간이 되는 것이므로 학생들의 생활에 좋은 영향을 미친다. 분기별, 혹은 필요할 때마다 바꾸어 주도록 하되 가정의 달, 호국보훈의 달 등 시기와 관련짓는 것도 좋다. 예를 들면 가정의 달에는 가족에 대해 생각해 보고 내가 가족을 위해 할 수 있는 일 등을 적기, 호국보훈의 달에는 나라의 소중함을 생각해 보고 나라 사랑 실천 방법 등을 적으면서 실천 의지를 다질 수 있다.

고학년은 자신의 꿈과 이유, 노력할 일을
넣어서 게시하기

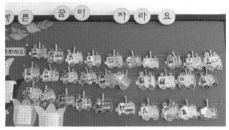

저학년은 이름과 사진을
넣어서 게시하기

〈환경판2〉 소속감과 공동체 의식 다지기 코너

〈시간표〉는 뒤에서도 보이도록 만들어서 붙인다. 〈학급 규칙〉은 주로 생활규칙을 말하는 것으로 학생들의 의견을 모아서 내용을 정하는 것이 좋다. 그러나 문구는 따뜻한 느낌이 나게 교사가 함께 의견을 모아 잘 정리해서 게시한다. 이 규칙 역시도 필요에 따라 더하거나 뺄 수 있어야 한다. 역할 분담은 학급에서 정한 대로 학생들이 쉽게 볼 수 있도록 구성하여 게시한다.

〈환경판3〉 학급의 모든 학생 작품 게시 코너

가장 좋은 것은 수시로 떼고 붙일 수 있도록 하는 것이다. 다양한 크기의 그림, 서예, 글짓기 등 모든 작품을 쉽게 붙이고 쉽게 뗄 수 있어야 한다. 매주 교실에서 이루어지는 각종 미술, 감상문 쓰기, 혹은 시나 주장하는 글 등의 작품을 게시하도록 공간을 크게 확보한다. 특히 학생 작품은 모든 학생의 작품을 다 게시하는 게 가장 좋으므로 공간이 부족할 경우에는 〈창문9〉 쪽으로 줄을 매달아서 작품을 게시하는 것이 좋다.

학습 결과물을 쉽게 끼우고
뺄 수 있는 투명 포켓을 활용

색상지를 담은 투명 비닐을 이용하여
게시물을 쉽게 넣고 뺄 수 있게 활용

〈환경판4〉 마음 나누기 코너

교실에서 일어나는 모든 폭력은 서로를 이해하지 못하거나 배려하지 못해서 생겨난다. 따라서 학생들이 상대방의 마음을 알고 자신의 마음을 열도록 지도하는 것이 중요하다. 칭찬판이나 사랑의 편지함 등의 공간은 학생들이 소소한 것부터 마음을 나눌 줄

알도록 하는 공간이다.

〈환경판5〉 공동 활동 과정, 결과물 코너

학년이 올라갈수록 공동 작업이 많아진다. 특히 각종 동아리 활동, 모둠별 활동이 교과나 창체, 스포츠 동아리, 방과후 활동 등에서 많이 이루어진다. 프로젝트 학습, 관찰일지 등 각종 학습에서 이루어지는 활동 결과물과 동아리 활동 결과물은 여러 명이 함께 힘을 모은 것으로서 동료의식을 느끼고 학급 분위기를 밝게 만들 수 있다.

〈창턱6〉 생명 존중, 환경 보호 일상 속 실천 코너

학생들이 직접 씨앗을 심고 길러 보는 일을 통한 생명 존중 체험의 장이며 녹색식물이 가진 치유의 힘을 볼 수 있는 곳으로서 창턱은 아주 중요한 공간이다. 여기에는 학생들이 직접 씨앗을 심고 기르는 화분, 덩굴을 올려 가꾸는 화분, 우렁이나 붕어 등을 기를 수 있는 수조 등 각종 생명이 살아 숨 쉬는 곳으로 만들 수 있다. 학생들은 푸른 잎 속에서 마음의 여유를 찾을 수 있고, 생명의 소중함을 알게 되어 따뜻한 인간으로 자랄 수 있다.

〈공작물대7〉 공작물의 전시장

미술 시간, 혹은 기타 시간에 만든 각종 공작물은 사물함 위의 공작물대를 활용한다. 친구들의 작품은 모두 소중하므로 함부로 건드리지 않고 감상하는 것임을 배운 아이들은 배려와 존중의 마음을 알게 된다.

〈책장8〉 독서와 학습 결과물 코너

책장은 복도 쪽 창을 가리지 않을 정도의 높이로 놓는 것이 좋으며, 다양한 종류의 책을 준비하여 언제든지 학생들이 볼 수 있도록 한다. 책은 학년 초에 각자 좋아하는 책을 세 종류 이상 준비하라고 하면 동화책 위주의 편독을 예방할 수 있다. 또 학생들의 각종 학습 결과물을 정리하는 파일도 한쪽에 정리하여 두면 교실이 한결 깨끗해진다.

사람이 온다는 것은

실로 어마어마한 일이다.

그는 그의 과거와

현재와 그리고

그의 미래와 함께

오기 때문이다.

한사람의 일생이 함께

오기 때문이다.

부서지기 쉬운

그래서 부서지기도 했을 마음이

함께 오는 것이다.

-정현종의 방문객-

PART 2

교육과정을 알고
수업을 준비하라

Chapter 1.

선생님은 살아 있는 교육과정

 포인트 꼭꼭!

☐ 교사에게 교육과정이란, 학교에서 무엇을(내용 성취기준) 얼마나(수업 시간) 가르
   칠 것인가에 대해 국가 수준에서 주어진 것이다.

☐ 교육과정 중심으로 학교 수업문화를 변화시키기 위해서는 구성원들 간의 교육과정
   문해력 역량 신장이 필요하다.

가. 교사에게 교육과정은?

학교에서 계획하고 실천하는 교육과정은 학교의 교육 목적 및 목표를 달성하기 위해 의도적으로 교육 내용 또는 학습경험을 선정하고 조직하고 실천하고 평가하는 제 행위를 가리키는 것이라고 할 수 있다. 따라서 의도적이고 계획적인 학교 교육에 적용하고자 하는 교육과정은 '교육 목표와 경험 혹은 내용, 방법, 평가를 체계적으로 조직한 교육계획'으로 정의할 수 있다.

〈 교육과정의 수준 〉

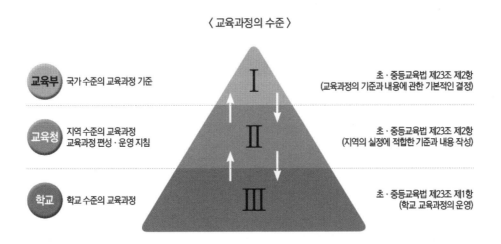

교육부	국가 수준의 교육과정 기준		초·중등교육법 제23조 제2항 (교육과정의 기준과 내용에 관한 기본적인 결정)
교육청	지역 수준의 교육과정 교육과정 편성·운영 지침		초·중등교육법 제23조 제2항 (지역의 실정에 적합한 기준과 내용 작성)
학교	학교 수준의 교육과정		초·중등교육법 제23조 제1항 (학교 교육과정의 운영)

나. 학교 교육과정과 교사 전문성

함께 만들어 가는 학교 교육과정, 교사 수준 교육과정은 능동적인 패러다임 시대에 계획과 실천이 조화와 균형을 이룬 교육과정이다. 학교와 교실 현장의 실제적 교육 활동에서 운영되는 실천 계획으로서 의미를 지닌다. 즉 학생의 수준과 능력, 발달 단계, 학교의 환경 및 요구, 교사의 철학이 반영된 교육 설계도 역할을 하는 것이다.

학교, 교사 수준 교육과정은 교사가 직접 구성한 교육과정을 기반으로 학생 중심, 학생 주도, 학생 참여의 과정 중심 평가를 통해 학생의 전인적인 성장을 돕기 위함이 목적이다. 이러한 교육과정은 교사에 의해 해석되고 실천되면서 교사마다 다양한 교육과정 재구성을 통해 편성·운영된다.

특별히 교육과정 편성·운영에 있어 교사의 전문성은 교육과정 문해력에서 드러난다. 교육과정 문해력의 정도에 따라 다양하고 창의적으로 편성·운영의 정도가 드러난다. 교육과정 문해력에 관심을 가지고 꾸준히 역량을 기르는 교사는 지역과 학생 실태의 변화에 적합한 다양한 교사 수준 교육과정을 구성하고 실천할 수 있다는 것이다.

다. 2022 개정 교육과정 개요

1) 추구하는 인간상

- 자기주도적인 사람
- 창의적인 사람
- 교양 있는 사람
- 더불어 사는 사람

2) 핵심역량

- 자기관리 역량
- 지식정보처리 역량
- 창의적 사고 역량
- 심미적 감성 역량
- 협력적 소통 역량
- 공동체 역량

> **2022 개정 교육과정 구성의 중점**
>
> - 미래 사회의 불확실성에 능동적으로 대응하는 능력과 자신의 삶과 학습을 스스로 이끌어가는 주도성 함양
> - 사회 구성원을 서로 존중하고 배려하며 협력하는 공동체 의식 함양
> - 학습의 기초인 언어·수리·디지털 기초소양 함양
> - 진로와 학습의 주도적 설계 및 학습자 맞춤형 교육과정 체제 구축
> - 학생 참여형 수업 활성화, 문제 해결 및 사고의 과정을 중시하는 평가
> - 교육과정 자율화 기반 학습자 특성과 학교 여건에 적합한 학습

라. 2022 개정 교육과정 설계와 운영

1) 교육과정 설계의 원칙

- 학생들의 발달 수준에 맞게 다양한 영역 탐색 기회 제공 및 전인적 성장 발달이 가능하도록 설계 운영한다.
- 학생 실태, 교원 조직, 교육 시설, 학부모 의견 및 지역사회 실정 등 학교의 교육 여건과 환경을 종합적으로 고려한 학습경험을 제공한다.
- 모든 교원의 전문성 발휘와 참여 과정을 거쳐 설계·운영한다.
- 학습 공동체 문화를 조성하고 동 학년 모임, 현장 연구, 교과별 모임, 자체 연수 등을 통해 교육 활동 개선이 이루어지도록 한다.

2) 교수·학습

- 학생들이 깊이 있는 학습을 통해 핵심역량을 함양할 수 있도록 교수·학습을 설계하여 운영한다.
- 학생들이 수업에 능동적으로 참여하고 학습이 주는 즐거움을 경험할 수 있도록 교수·학습을 설계하여 운영한다.
- 교과의 특성과 학생의 능력, 적성, 진로를 고려하여 학습 활동과 방법을 다양화하

고, 학교 여건과 학생의 특성에 따라 다양한 학습 집단을 구성하여 학생 맞춤형 수업을 활성화한다.

- 교사-학생, 학생-학생 간 상호신뢰, 협력이 가능한 교수·학습 환경을 지원하고, 디지털 기반 학습이 가능하도록 교육 공간과 환경을 조성한다.

3) 평가

- 평가는 학생 개인마다 교육 목표 도달 정도를 확인하고, 학습의 부족한 부분을 보충하며 교수·학습의 질을 개선하는 것에 중점을 둔다.
- 성취기준에 근거한 교수·학습 및 평가 활동을 일관성 있게 실행한다.
- 교과목의 성격과 학습자 특성에 적합한 평가 방법을 활용한다.

4) 모든 학생을 위한 교육 기회 제공

- 교육 활동 전반에 남녀 역할, 장애, 종교, 직업, 이전 거주지, 언어, 인종, 민족 등에 관한 고정 관념, 편견을 가지지 않도록 지도한다.
- 학습 부진 학생, 특수교육 대상 학생, 귀국 학생, 다문화 가정 학생 들이 충실한 학습경험을 누릴 수 있도록 필요한 지원을 한다.
- 학습자의 개인 특성, 사회문화적 배경에 의해 교육 기회와 학습경험에서 부당한 차별을 받거나 소외되지 않도록 한다.

02 교육과정 법적 근거 알아보기

□ **헌법**: 제31조① 모든 국민은 능력에 따라 균등하게 교육을 받을 권리를 가진다.
□ **초·중등교육법**: 제23조(**교육과정** 등)
  ① 학교는 교육과정을 운영하여야 한다.

② 교육부 장관은 제1항의 규정에 의한 교육과정의 기준과 내용에 관한 기본적인 사항을 정하며, 교육감은 교육부 장관이 정한 교육과정의 범위 안에서 지역의 실정에 적합한 기준과 내용을 정할 수 있다.

③ 학교의 교과는 대통령령으로 정한다.

□ **초·중등교육법 시행령**: 제43조(교과)

① 초등학교 및 공민학교: 국어, 사회, 도덕, 수학, 과학, 실과, 체육, 음악, 미술 및 외국어(영어)와 교육부 장관이 필요하다고 인정하는 교과

□ **초·중등학교 교육과정**: 교육기본법 [일부개정 2016. 5. 29. 법률 제14150호], 초·중등교육법 [일부개정 2016. 2. 3. 법률 제13943호]

03 학교 교육과정 편성·운영

가. 학교 교육과정 편성·운영 절차

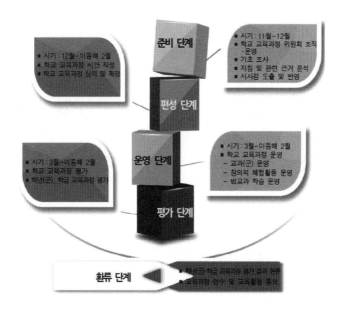

1) 12월~이듬해 1월까지의 학교 교육과정 시안을 완성하고 2월에는 학년(군), 학급 교육과정을 편성하여 준비된 교육과정으로 새로운 학년을 시작한다.

2) 학교는 필요에 따라 원격수업을 실시할 수 있으며, 원격수업 운영 기준은 관련 법률과 지침에 따른다.

나. 학교 교육과정

1) 국가 수준의 교육과정 기준과 경북교육청 교육과정 편성·운영 지침 등을 근거로 학교의 실정, 실태에 맞게 구성한다.

2) 해당 학교의 교육 목표, 경영 철학, 전통, 특성 등을 반영하며 학교의 창의적이고 독특한 교육 내용, 특색 있는 운영 방안을 고려하여 편성한다.

□ 각 단계별 시기 및 내용은 학교의 상황이나 여건 등에 따라 달라질 수 있다. 학교 교육 과정 편성·운영은 학교의 자율성과 융통성이 발휘될 수 있어야 한다.

□ 학교 교육과정의 편성·운영·평가 단계를 거치면서 환류와 개선의 과정이 중요하다. 학교 교육 활동은 변화에 적절히 대응할 수 있는 민주적 절차와 과정을 중시하는 학교 구성원 간 의사결정 과정이 필요하다.

⊙ Tips
학교 교육과정 위원회는 학교 교육과정 편성·운영과 관련하여 계획 수립, 지원 활동, 관련 연수 활동 등을 수행하며, 창의적 체험활동의 편성·운영 방안 모색, 학교 교육과정 편성·운영에 대한 평가에 이르기까지 학교 교육과정의 원활한 운영을 지원하도록 한다.

Chapter 2.

초등 교육과정의 편제와 시간 배당

포인트 꼭꼭!

☐ 초등학교 교육과정은 교과(군), 창의적 체험활동으로 편성한다.

☐ 교과(군)는 국어, 사회/도덕, 수학, 과학/실과, 체육, 예술(음악/미술), 영어로 한다. (다만, 1, 2학년의 교과는 국어, 수학, 바른 생활, 슬기로운 생활, 즐거운 생활로 한다.)

☐ 2022개정 교육과정이 2024년부터 순차적으로 적용된다.

2024년 초1~2학년, 2025년 초1~4학년, 2026년 초1~6학년 적용

가. 편제

□ 초등학교 교육과정은 교과(군)와 창의적 체험활동으로 편성한다.

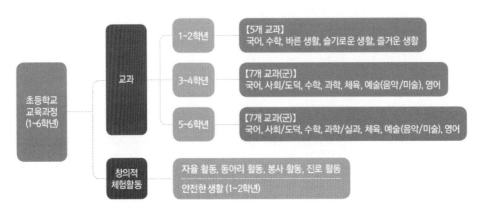

나. 시간 배당 기준

구 분		1~2학년	3~4학년	5~6학년
교과(군)	국어	국어 482	408	408
	사회/도덕		272	272
	수학	수학 256	272	272
	과학/실과	바른 생활 144	204	340
	체육	슬기로운 생활 224	204	204
	예술(음악/미술)	즐거운 생활 400	272	272
	영어		136	204
	소계	1,506	1,768	1,972
창의적 체험활동		238	204	204
학년군별 총 수업 시간 수		1,744	1,972	2,176

□ 1시간의 수업은 40분이 원칙이나, 기후 및 계절, 학생 발달 정도, 학습 내용의 성격, 학교 실정 등을 고려하여 탄력적으로 편성·운영할 수 있다.

□ 학년군의 교과(군)별, 창의적 체험활동 시간 배당은 연간 34주를 기준으로 2년간의 기준 수업 시수를 나타낸 것이다.

□ 1~2학년의 안전교육은 바른 생활·슬기로운 생활·즐거운 생활 교과의 64시간을 포함하여 창의적 체험활동을 활용하여 편성·운영한다.

다. 초등학교 교육과정 편성·운영 기준

1) 교과(군)별 수업 시수의 20% 범위 내 증감 운영할 수 있으나 교과(군) 수업 시간 수의 '소계' 이상 이수해야 한다. 단, 체육 및 예술(음악/미술) 교과는 기준 수업 시수를 감축하여 편성·운영할 수 없다.

2) 학교는 각 교과의 기초적, 기본적 요소들이 체계적으로 학습되도록 교육과정을 편성·운영한다. 특히 국어 사용 능력과 수리 능력의 기초가 부족한 학생의 기초 학습 능력 향상을 위한 별도의 프로그램을 편성·운영할 수 있다.

3) 3~6학년별로 지역 연계 또는 특색 있는 교육과정 운영을 위해 학교자율시간을 운영한다.

4) 학년을 달리하는 학생을 대상으로 복식 학급을 편성·운영하는 경우에는 교육 내용의 학년별 순서를 조정하거나 공통 주제를 중심으로 재구성하여 활용할 수 있다.

5) 학교는 창의적 체험활동의 영역을 학생의 발달 수준, 학교의 여건 등을 고려하여 학년(군)별로 자율적 편성·운영한다.

6) 상급학교로 진학하기 전, 학기의 일부 시간을 활용하여 학교급 간 연계 및 진로 교육을 강화하는 진로연계교육을 운영한다.

7) 1학년 학생의 학교생활 적응 및 한글 해득 교육 등의 입학 초기 적응 프로그램을 교과와 창의적 체험활동 시간을 활용하여 자율적인 진로연계교육을 운영한다.

8) 정보통신 활용 교육, 보건 교육, 한자 교육 등은 관련 교과와 창의적 체험활동 시간을 활용하여 체계적으로 지도한다.

9) 범교과 학습 주제는 교과와 창의적 체험활동 등 교육 활동 전반에 걸쳐 통합적으로

다루도록 한다.

Tips

범교과 학습 주제 안전·건강 교육, 인성 교육, 진로 교육, 민주시민 교육, 경제·금융 교육, 인권 교육, 다문화 교육, 통일 교육, 독도 교육, 환경·지속가능발전 교육

05 경북 교육과정, 교과별 재구성 방향

과목	재구성 방향
바른생활	단위 학교 및 학급의 실태를 기반으로 생활 전반에서 학습한 내용을 개별 학생이 실천할 수 있도록 하여 유의미한 가치의 통합이 일어나게 한다.
슬기로운 생활	주변의 생활 세계에 관해 지속적으로 관심을 가지고 탐구하여 사회 현상과 자연 현상에 대한 기초적 개념을 이해할 수 있도록 경험을 제공한다.
즐거운 생활	자신의 감정을 다양한 방법을 통해 창의적으로 표현하고 다른 사람과 건강하게 상호작용하는 경험을 제공한다.
국어	국어를 통해 생각과 감정을 표현하고 다른 사람은 물론 텍스트, 미디어 등 자신을 둘러싼 세상과 상호작용하여 조화롭게 소통하는 경험을 제공한다.
사회	학생들의 삶을 둘러싼 주변의 자연, 인문, 역사적 환경에 대한 주제와 소재를 활용하여 세계와의 관련성을 깨닫고 공동의 문제를 해결하는 기회를 제공한다.
도덕	일상 속 장면을 활용하여 핵심 가치인 성실, 배려, 정의, 책임이 상호 연결된 것임을 깨닫고, 성찰과 실천을 통해 내면화할 수 있는 경험을 제공한다.
수학	학생들의 개별적 특성과 수준에 맞게 학습 내용을 다양화하고 문제 해결 과정을 세분화하여, 수학에 대한 친근감과 성취감을 느낄 수 있는 학습 경험을 제공한다.
과학	일상의 경험과 관련이 있는 상황을 통해 과학 지식과 탐구 방법을 즐겁게 학습하고 과학과 사회의 올바른 상호 관계를 인식하여 과학적 소양을 함양하는 데 중점을 둔다.
실과	자신과 가족, 지역사회, 자원, 환경과 건강하게 상호작용하고 창의적인 노작 활동을 통해 학생 스스로 생활을 개선해 보는 경험을 제공한다.
체육	건강의 가치를 깨닫고 종합적인 운동 능력을 기르기 위하여 신체활동에 대한 참여 기회를 확대하고 의미 있는 경험을 제공한다.

음악	지역·학교·학생의 특성을 고려한 다양한 악곡과 표현 방법을 활용하여 즐겁고 창의적인 음악 활동의 경험을 갖도록 구성한다.
미술	미술 활동을 통해 느낌과 생각을 표현하면서 자신의 감정을 이해하고, 새로운 시각으로 작품을 창조하고 다양한 분야와 융합함으로써 미적 가치를 창출하는 능력을 기를 수 있게 한다.
영어	실생활에서 접할 수 있는 소재를 중심으로 구성하고, 교육 매체를 효과적으로 활용하여 영어 사용 기회를 충분히 제공한다.

06 교과 교육과정 운영

가. 교과 교육과정 기본 방향

교과 교육과정은 교과 역량 함양에 그 목적이 있으므로 교과의 지식과 기능을 깊이 있게 탐구하고 경험할 수 있도록 학생 참여형 수업을 활성화한다. 학습의 과정을 중시하는 평가를 통해 자신의 학습을 성찰하고 교수·학습의 질을 개선하도록 지향한다. 또한 교육과정의 성취기준에 적합한 교육 목표, 교육 내용, 교수·학습, 평가, 기록의 단계가 일관성 있게 이루어지도록 해야 한다.

나. 교과 핵심역량

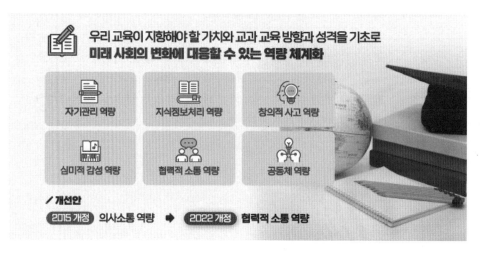

우리 교육이 지향해야 할 가치와 교과 교육 방향과 성격을 기초로
미래 사회의 변화에 대응할 수 있는 역량 체계화

자기관리 역량   지식정보처리 역량   창의적 사고 역량

심미적 감성 역량   협력적 소통 역량   공동체 역량

✔ 개선안

2015 개정 의사소통 역량 ➡ 2022 개정 협력적 소통 역량

---

07 창의적 체험활동 운영

가. 창의적 체험활동의 성격

창의적 체험활동은 교과와 상호 보완적 관계 속에서 앎을 적극적으로 실천하고 심신을 조화롭게 발달시키기 위하여 실시하는 교과 이외의 활동이다. 창의적 체험활동은 학생들이 건전하고 다양한 집단 활동에 자발적으로 참여하여 나눔과 배려를 실천함으로써 공동체 의식을 함양하고 개인의 소질과 잠재력을 계발·신장하여 창의적인 삶의 태도를 기르는 것을 목표로 한다.

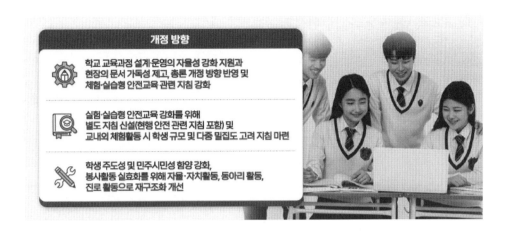

나. 창의적 체험활동의 기본 방향

봉사활동은 동아리 활동 영역의 활동으로 편성되어 있으며, 성격상 모든 영역의 활동과 탄력적으로 연계 통합하여 운영이 가능하다. 초등학교 1~2학년의 경우, 자율 활동을 중심으로 편성 운영하거나, 자율활동과 동아리활동, 봉사활동 영역으로 편성하여 운영할 수도 있다.

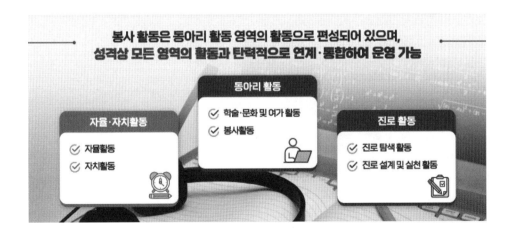

다. 창의적 체험활동의 시수 편성 기준

구분	시간 배당 기준	비고
초등학교 1~2학년	238	① 학년군의 창의적 체험활동 시간 배당은 연간 34주를 기준으로 2년간의 기준 수업 시수를 나타낸 것이다.
초등학교 3~4학년	204	
초등학교 5~6학년	204	
중학교	306	① 교과(군)별 및 창의적 체험활동 시간 배당은 연간 34주를 기준으로 3년간의 기준 수업 시수를 나타낸 것이다.
고등학교	18학점(288시간)	① 창의적 체험활동의 학점 수는 최소 이수 학점이며 ( ) 안의 숫자는 이수 학점을 시간 수로 환산한 것이다.

창의적 체험활동에 배당된 학교급별, 학년(군)별 시수를 특정 학년이나 학기에 편중하여 편성하지 않도록 한다. 1학년은 입학 초기 적응 활동으로 입학 후 3월 중 34시간을 배정한다.

라. 창의적 체험활동 초등학교 영역별 운영 중점

학교급	운영 중점
초등학교	〈자율·자치활동〉 • 생활 속 여러 문제를 해결하는 능력 함양 • 정서적·심리적 안정과 입학 초기 및 사춘기 적응 • 즐거운 학교생활 및 다양한 주제 활동 경험 • 학생 자치 회의, 학급회의 등 공동체를 통한 의사소통 경험 • 민주적 의사 결정의 기본 원리 이해와 실천 〈동아리 활동〉 • 창의·융합적 사고를 통한 현재와 미래의 문제 해결 • 다양한 경험과 문화, 예술, 체육 프로그램 체험 • 삶을 풍요롭게 하는 신체 활동 및 놀이 • 인간과 환경의 공존을 위한 지속가능한 환경보호 〈진로 활동〉 • 긍정적인 자아 개념 형성 • 일의 중요성을 이해하기 위한 진로 체험 • 다양한 직업 세계 탐색 • 진로 기초 소양 함양

08 범교과 학습 학교수준 교육과정 시수 편성

가. 범교과 학습 주제

범교과 학습 주제는 미래 사회 변화를 전망하여 국가·사회적으로 중요하게 요구되는 학습 내용이자 여러 교과의 경계를 가로지르는 종합적이고 통합적인 학습 주제로서, 제7차 교육과정에서 도입된 이래로 점점 증가하여 2009 개정 교육과정에서는 주제의 수가 39개로 늘어났다.

따라서 과도한 범교과 학습 주제로 인해 발생하는 단위 학교의 교육과정 편성·운영 부담 문제가 지속적으로 제기되어 2015 개정 교육과정에서는 학교 현장의 요구를 반영하여 39개로 나열되어 있던 범교과 학습 주제를 10개의 대주제로 범주화하였다.

순	주제	구성 방향 및 내용
1	안전·건강교육	학생들이 안전하고 건강한 삶을 영위하기 위해 익혀야 할 내용, 즉 재난 상황에서 안전을 지키는 방법, 보건 및 성교육, 건강한 식생활 및 영양교육 등을 체육, 과학, 실과와 같은 관련 교과 또는 창의적 체험활동 시간에 다룰 수 있도록 함.
2	인성 교육	학교 교육 활동 전반을 통해 부모님께 효도하고 웃어른을 공경하는 우리나라 전통윤리를 몸으로 익힐 수 있게 하면서, 생명을 존중하며 타인과 함께 어울려 살아가는 공동체 의식을 함양할 수 있도록 함.
3	진로 교육	자신에 맞는 진로를 탐색하고, 진로 체험 활동 등과 관련하여 다양한 경험을 하게 하며, 여가 시간을 활용하는 방법 등을 익혀 궁극적으로 행복한 삶을 영위하도록 함.
4	민주 시민 교육	건전한 사회를 위해 청렴·반부패 문화를 형성하고, 헌법의 정신 및 법질서를 존중하도록 하며, 생산 활동에 참여하고 있는 근로자의 권리와 의무 등에 대한 교육에 중점을 두도록 함.
5	인권 교육	아동 및 청소년이 존중받으며 살아갈 수 있게 하고, 장애인이 차별받지 않도록 하며, 양성평등, 노동인권 존중 등과 같이 이 세상에서 함께 살아가고 있는 인간의 존엄성과 인권이 존중받고, 각종 폭력을 예방하도록 함.
6	다문화 교육	우리나라에서의 다문화 가정 증가, 외국인 근로자 및 탈북 학생 유입 확대에 따라 다양성을 존중하는 교육활동을 강화하고, 세계시민교육 및 국제이해 등에 대한 학습을 통해 국제 사회 전반에 걸쳐 다문화 이해와 상호 존중의 정신을 함양하도록 함.
7	통일 교육	우리나라에서 통일이 왜 필요한지 학습하게 하고, 범교과적으로 국가 상징, 한국문화사 교육, 호국보훈 등에 대한 학습을 통해 국가정체성을 명확히 하도록 함.
8	독도 교육	학생들로 하여금 국토에 대한 개념을 인식하게 하고, 우리 땅 독도를 사랑하는 마음을 갖게 함.
9	경제·금융 교육	소비자의 책임과 권리, 창업(기업가)정신, 복지와 세금·금융생활·지적 재산권 등을 학습하여 합리적 경제 활동을 할 수 있게 함.
10	환경·지속가능 발전 교육	저출산·고령화 사회 대비 교육, 물 보호·에너지, 해양교육, 농업·농촌 이해 교육 등을 통해 지금보다 더 나은 환경과 지속적으로 발전하는 사회를 만들어 가는 데 기여할 수 있도록 함.

나. 범교과 학습 주제 교육과정 반영 시수(예시)

연번	범교과 학습 주제	교육과정에 반영해야 할 시수			관련 근거 (법령, 지침, 계획 등)	비고
		세부 주제		시수		
1	안전 · 건강 교육	안전 교육	생활안전	12	• 학교안전사고 예방 및 보상에 관한 법률 8조 및 동법 시행규칙 2조 • 학교안전교육 실시 기준 등에 관한 고시 (교육부 고시 제2021-21호) - 영역별 20% 범위 내 자율적으로 조정, 운영 - 학기당 제시된 횟수 이상으로 분산 실시 - 각종 재난 유형별 대비 훈련을 달리하여 매 학년도 2종류 이상을 포함하여 운영 ※ 안전교육을 교과 및 창의적 체험활동과 연계 운영 시 최소 10분 이상을 교육한 경우 1차시로 인정	• 별도자료 참고 • 학교폭력 예방 교육 (어울림·사이버 어울림 프로그램 12차시)과 연계운영 가능
			교통안전	11		
			폭력 예방 및 신변보호	8		
			약물 및 사이버 중독 예방	10		
			재난안전	6		
			직업안전	2		
			응급처치	2		
		성교육 (성폭력 예방 교육 및 양성평등교육)		17	• 학교보건법 제9조, 제9조의 2 • 아동·청소년의 성보호에 관한 법률 제48조 • 성폭력방지 및 피해자보호 등에 관한 법률 시행령 제2조 2항 - 매년 1회 이상, 1시간 이상의 성교육 및 성폭력 예방 교육 실시 • 양성평등기본법 제31조 • 2022년 학생건강증진 정책방향(교육부) - 관련 교과 및 창의적 체험활동 시간을 활용하여 학년별 15차시 이상 성교육 의무 실시	• 7대 안전 교육에 포함 가능 • 성교육 시수는 보건교육 시수에 중복 포함 가능

보건교육	2	• 학교보건법 제9조, 제9조의 2 • 교육부 2022년도 교육정책 안내 - 학교 보건교육 및 성교육이 체계적으로 운영될 수 있도록 학교 교육과정에 반영 • 2022년 학생건강증진 정책방향(교육부) - 최소한 1개 학년 이상을 대상으로 교과와 창의적 체험활동을 통해 연간 17시간 이상 체계적·지속적인 보건교육 실시	• 7대 안전 교육에 포함 가능 보건교육 시수는 성교육 시수에 중복 포함 가능
식품안전 및 영양·식생활교육	1	• 어린이 식생활안전관리 특별법 제13조 • 식생활교육지원법 제26조 1항 - 올바른 식생활 확산을 위한 식생활 교육을 매년 2회 이상 정기적으로 실시 • 교육부 2022년도 교육정책 안내 • 2022년 학생건강증진 정책방향(교육부)	• 7대 안전 교육에 포함 가능
가정폭력 예방 교육	2	• 가정폭력방지 및 피해자 보호 등에 관한 법률 시행령 제1조의 2, 2항 - 매년 1회 이상, 1시간 이상의 가정폭력 예방 교육 실시	• 7대 안전 교육에 포함 가능
인터넷중독 예방 교육	2	• 국가정보화기본법 제30조의 8, 2항 • 디지털시민성 교육 계획 - 인터넷중독의 예방과 해소를 위한 교육을 학기별 1회 이상 - 정보통신윤리교육 주간이 정보통신윤리교육과 통합하여 운영	• 7대 안전 교육에 포함 가능
학교폭력 예방 교육	2	• 학교폭력 예방 및 대책에 관한 법률 제15조 1항 - 학생의 육체적·정신적 보호와 학교폭력의 예방을 위한 학생들에 대한 교육(학교폭력의 개념, 실태 및 대처방안 등을 포함하여야 한다.)을 학기별로 1회 이상 실시 • 학교폭력 예방 교육(어울림·사이버 어울림 프로그램 12차시)과 연계 운영 가능	• 7대 안전 교육에 포함 가능

연번	범교과 학습 주제	교육과정에 반영해야 할 시수		관련 근거(법령, 지침, 계획 등)	비고
		세부 주제	시수		
		생명존중 및 자살 예방 교육	6	• 자살 예방 및 생명존중문화 조성을 위한 법률 제17조 • 학생자살 예방대책 시행 계획(교육부) • 교육부 2022년도 교육정책 안내 - 학생자살 발생 비율이 높은 학기 초(3, 9월)에 생명존중 및 자살 예방 교육을 연간 6시간 실시	• 7대 안전 교육에 포함 가능
2	인성 교육	인성 교육	자율	• 인성교육진흥법 제2조, 제6조, 제10조 • 인성교육진흥법 시행령 제11조 • 2023학년도 인성 교육 계획	
		교육 활동 침해 행위 예방 교육	1	• 교원지위법 제16조의 3 - 교육 활동 침해행위 예방 교육을 매년 1회 이상 실시	
3	진로 교육	진로 교육	자율	• 진로 교육법 제8조, 제12조 • 진로 교육 5개년 기본 계획 • 2023학년도 진로 교육 계획	
4	민주 시민 교육	민주 시민 교육	자율	• 교육부 민주시민 교육 활성화 종합 계획	
5	인권 교육	장애 이해 교육	2	• 장애인 복지법 시행령 제16조 2항 • 2023년도 특수교육 운영 계획(교육부) • 교육부 2023년도 교육정책 안내 - 장애이해교육(장애 학생 인권 교육 포함) 연 2회 이상 의무 실시	시·도 교육청 평가자료
6	다문화 교육	다문화 교육	2	• 다문화 가족 지원법 제5조 • 교육부 2023년도 교육정책 안내 - 학교 구성원 다문화 감수성 제고를 위해 학교 교육과정과 연계하여 연간 2시간 이상 다문화 교육 실시 권장	시·도 교육청 평가자료
7	통일 교육	통일 교육	자율	• 통일교육지원법 제3조, 제8조 및 동법 시행령 제6조의 2 • 교육부 2022년도 교육정책 안내	

8	독도 교육	독도 교육	10	• 2022 경북 교육 주요업무 계획1-3-5대한민국 영토, 독도 교육	• 1~3학년 10시간 이상 권장
			4~6학년 10시간 이상	• 경상북도교육청 독도교육 강화 조례(경상북도조례 제4575호, 2021. 10. 28. 일부개정) • 경상북도 초등학교 교육과정 편성·운영 지침(경상북도교육청 고시 제2021-12호)	
9	경제·금융 교육	경제·금융 교육	자율	• 경제교육지원법 제4조, 제5조, 제6조 • 소비자 기본법 제14조	
10	환경·지속 가능 발전 교육	환경·지속 가능 발전 교육	2	• 교육기본법 제22조2 • 환경교육진흥법 제4조 • 경상북도교육청 학교환경교육진흥조례 제4조 • 저탄소 녹색성장 기본법 제4조, 제59조 • 세계 물의 날(3월 22일), 식목일(4월 5일), 바다의 날(5월 31일), 환경의 날(6월 5일)과 연계 운영 • 기후 위기·환경재난 대응 학교환경교육 중장기 계획(2021~2025)	

○ 교과 교육과정의 내용을 재구성하여 범교과 학습 주제를 교과 내에서 통합적으로 지도하는 것을 권장한다.

○ 주제에 따라서는 창의적 체험활동 중 '자율 활동' 영역의 '창의주제활동'으로 특정 주제를 정하여 학교 실정에 따라 학년별로 운영할 수도 있으며, 특정 시기에 집중적으로 지도할 수도 있다.

09 교육과정에 반영해야 할 사항들

가. 학교급 간 연계교육과정 운영

□ 1학년 1학기를 유치원과 연계한 놀이 중심의 교육과정 운영으로 학생들의 원만한

학교생활 적응을 지원하는 학기로 운영한다.

- 따뜻하고 편안한 교실 환경 조성 및 즐거운 자유 놀이 시간 확대
- 쉽고 재미있는 한글 및 수학 기초 교육 실시 등

□ 6학년 2학기를 전환기 '진로 교육 집중 학기제' 운영하여 교과 통합 진로 교육 및 진로중심교육과정을 운영한다.

- 다양한 진로 탐색과 체험을 통한 진로개발역량의 기초를 배양
- 중학교생활 적응을 위한 구체적인 전환 내용 탐색 등

나. 한글책임 교육

초등학교 1학년 과정을 마칠 때까지 모든 학생을 한글 해득 수준으로 이끄는 교육이다.

□ 한글 교육 시간을 1학년 1학기 51시간으로 확대하고, 어려운 겹받침은 2학년까지 반복하여 배울 수 있도록 1~2학년 총 68시간으로 증배
□ 1학년 1학기 한글 습득 후 받아쓰기, 알림장 쓰기

다. 1-1-1-프로젝트

단위학급별로 '1학기별-1회 이상-1프로젝트 학습' 실천하는 교육이다.

□ 운영 유형

순	유형	운영사례
1	학교 주도형	• 인성교육, 나라사랑, 학교폭력 예방, 바른 언어 사용 등을 주제로 행사 및 캠페인 프로젝트 등
2	학급 단위 및 학년 협력형	• 국어, 사회, 음악, 미술과를 통합한 역사 뮤지컬 프로젝트 등
3	동아리 자율형	• 학교의 유휴 공간, 학교 놀이터 등 공간 개선 프로젝트 • 학예회, 연극, 연주회 등 문화 예술 프로젝트 • 우리 마을 안전지도 만들기 등 마을환경 개선 프로젝트 등

영역	참고 누리집

교육과정
편성 · 운영
	• 교육부에서 개발하여 배부한 책자형 2022 교육과정, 홍보자료
	  - http://www.moe.go.kr/정책홍보/자료실
	  - 2022 교육과정 총론, 2022 교육과정 교과 교육과정 각론
	  - 1~2학년군 교과 교육과정(국어, 수학, 통합), 창의적 체험활동(안전한 생활 포함)
	• 경상북도 초등학교 교육과정 편성 운영 지침(경상북도교육청 누리집)
	  - http://www.gbe.kr/초등과/교육과정 자료실
	• 경상북도 수업나누리 수업자료실 http://nanuri.gyo6.net

교육과정 편제 및 시수	• 국가교육과정 정보센터 사이트 - http://ncic.go.kr/2022 교육과정 평가 기준 • 창의적 체험활동 교육과정(교육부 고시 제2022-33호, 별책 40) • 삶의 힘을 키우는 교육과정-범교과 수정(교육부 고시 제2022-33호, 별책 3)
원격수업	• 시, 도교육청 운영 온라인 학습 서비스. https://cls9.edunet.net • 원격수업달인되기 http://nanuri.gyo6.net/notice/vod/classPop.tc?pageSeq=754 • 경상북도교육청 원격수업서비스 http://www.gbe.kr/main/index.jsp
수업혁신	• 창의인성교육넷 http://www.crezone.net • 국가교육과정 정보센터(NCIC) http://www.ncic.go.kr
교과 학습평가	• 창의인성교육넷 http://www.crezone.net • 성취기준 평가관리 시스템 http://achievement.pen.go.kr
기초학력보장	• 한국교육과정평가원기초학력향상지원사이트 http://www.basics.re.kr • 부산기초학력향상지원시스템(CANDI) http://candi.pen.go.kr
디지털교과서 및 정보 교육	• e-교과서 온라인 전송 보급 http://book.edunet.net • 디지털자료실지원센터 http://dls.ssem.or.kr
융합인재 교육	• 한국과학창의재단 http://www.kofac.re.kr/ • 창의인성교육넷 http://www.kofac.re.kr/ - 창의인성자료실
실용영어 교육	• 출입국관리사무소 http://www.immigration.go.kr • 온라인 자기주도 영어학습프로그램 꿀맛영어 http://sweetalk.kr
진로 교육	• 한국직업능력개발원(http://www.career.go.kr) 각종 검사 무료 사이트
저작권 교육	• 한국저작권위원회 http://www.copyright.or.kr • 한국저작권위원회 청소년교육 youth.copyright.or.kr
정보통신 윤리 교육	• 인터넷윤리교육정보서비스 http://nethics.kisa.or.kr • 청소년 유해 매체물 검색 http://www.mogef.go.kr • 사이버경찰청(사이버테러대응센터) http://www.police.go.kr

학교폭력 예방	• 학교폭력 예방 종합포털사이트: http://www.stopbullying.or.kr • 학교폭력 예방 신고센터 경찰청 http://www.safe182.go.kr
안전사고 예방	• 학교안전공제회 http://edu-safety.org
학교인권 교육	• 국가인권위원회 인권도서관 https://library.humanrights.go.kr • EBS 지식채널e http://home.ebs.co.kr/jisike
수학여행 수련활동	• 담임선생님과 학생이 함께 만들어가는 우리들의 소중한 소규모 테마형 수학여행 홈페이지 http://gogo.sen.go.kr
녹색, 지속 가능 발전 교육	• 녹색성장위원회 http://www.greengrowth.go.kr • 온실가스 종합정보센터 http://www.gir.go.kr • 환경재단 http://www.greenfund.org
특수 교육	• 국립특수교육원 홈페이지 www.knise.kr

PART 3

●

학생과 함께
배움이 있는
수업을 만들라

학생의 삶과 만나는
교사 교육과정 만들기

포인트 꼭꼭!

☐ 교사 교육과정의 필요성

☐ '교육과정-수업-평가-기록' 일체화하기

☐ 이해중심교육과정을 위한 백워드 수업 설계하기

도덕과 지도서를 보고 열심히 준비했는데 학생들 반응 때문에 속상합니다. "그냥 그런 걸로 해요. 생각하기 싫어요"라며 답만 찾으면 그만이라는 말합니다. 수업에 **적극적으로 참여하지 않을 때**, 어떻게 하면 좋을까요?

김신규 선생님

학생들은 주입 시켜주는 가치보다는 스스로 찾아낸 가치에 더 관심을 기울이게 됩니다. 지도서 중심이 아닌 교사 자신만의 교육과정을 세우고 학생들의 삶과 관계있는 활동이나 수업을 계획해 보세요. **학생들 스스로 가치를 깨닫게 되면** 어느새 수업에 주도적으로 몰입하게 될 거예요.

수석선생님

평소 우리는 수업 계획을 세울 때 국가 교육과정을 살펴보고 세운다. 그런데 국가 교육과정은 수시로 개정하고 있지만 빠르게 변화하는 **사회의 변화**를 제대로 담을 수 없다. 또한 보편적이고 전체적인 시각으로 만들어졌기 때문에 학생들이 자신의 삶과 동떨어진 교육과정으로 수업을 하게 되어 학습 내용에 녹아나지 않고 흥미를 잃어 제대로 된 배움이 일어나지 않는다. 따라서, 우리가 교실에서 만나는 **학생들의 흥미와 특성**에 따라 교사 교육과정을 개발하고 적용하였을 때의 수업은 놀라울 만큼 다채로워지고 학생들은 **생활에서 문제를 해결할 수 있는 역량**을 기르게 된다.

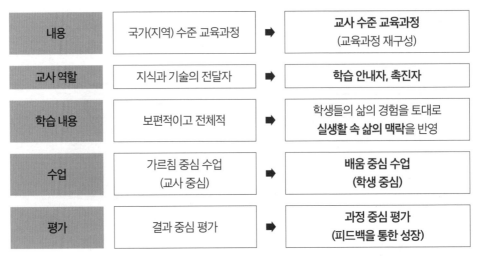

내용	국가(지역) 수준 교육과정	➡	교사 수준 교육과정 (교육과정 재구성)
교사 역할	지식과 기술의 전달자	➡	학습 안내자, 촉진자
학습 내용	보편적이고 전체적	➡	학생들의 삶의 경험을 토대로 실생활 속 삶의 맥락을 반영
수업	가르침 중심 수업 (교사 중심)	➡	배움 중심 수업 (학생 중심)
평가	결과 중심 평가	➡	과정 중심 평가 (피드백을 통한 성장)

국가 수준 교육과정과 교사 수준 교육과정 비교

02 교수 평가 일체화하기

수업에서 도달점 행동을 명확하게 정하지 않으면 학생들에게 유의미한 변화가 일어나기는 어렵다. 다시 말하면 학생들에게 유의미한 배움이 일어나게 하기 위해서는 교육과정을 면밀히 살펴 **학습 목표를 설정**한 후 학생들이 목표에 제대로 **도달할 수 있도록 활동이 설계**되어야 하고, **목표에 잘 도달할 수 있도록 평가가 이루어져야** 한다. 다양한 디지털을 기반으로 하여 능숙하고 유려하게 진행하는 수업일지라도 **무엇을 배우기 위한 수업인지 방향을 명확하게 정하지 않고** 일관성 있게 진행하지 않아 학생들이 공부할 내용을 제대로 익히지 못하는 수업은, 파도가 가고자 하는 대로 이리저리 휩쓸리다 목적 없이 어느 무인도에 정착하는 배와 같다. 이때 꼭 필요한 것이 **교수평기(교육과정-수업-평가-기록) 일체화**이다.

'**교수평기 일체화**'란 성취기준에 도달하기 위해 교육과정을 재구성하고 학생이 중심이 되는 수업을 하면서 그 과정 속에서 평가가 이루어지는 교육활동으로, 이 일련의 활동들을 일관성 있게 운영하여 학습 목표를 성취할 수 있게 한다.

03 백워드로 설계하기

| 일반적 교육과정 설계 | 학습 목표 설정 | → | 학습 활동 세우기 | → | 평가계획 |
| 이해중심 교육과정 설계 | 학습 목표 설정 | → | 평가계획 | → | 학습 활동 세우기 |

이해중심교육과정이 기반이 되어 2015, 2022 개정 교육과정이 개발되었다. 이전에는 학생들의 참여를 위해 많은 교사들이 가르칠 내용과 방법에 치중하면서 학생들의 흥미를 끌고 활동에 적극적으로 참여하게 할 수는 있었다. 하지만 핵심개념의 영속적 이해를 이끌기가 어렵고 제대로 된 배움이 일어나지 않았다. 따라서 이해중심교육과정을 적용하여, 단순하게 지식을 외우는 것만이 아니라 지식을 이해하고 응용하는 능력과 다양한 상황에서 적용하고 해결하는 방법을 익히게 할 필요성이 대두되었다. 이렇게 미래에 직면할 다양한 문제들을 해결할 수 있는 능력을 기르기 위해 위긴스와 맥타이의 백워드 설계를 적용하여, 무엇을, 왜 배워야 하는지를 성찰하고 교실의 배움이 실제 삶의 문제 해결로 연결되게 한다.

백워드설계의 단계	단계 설명	교사 활동
바라는 결과 확인하기	기대하는 학습 결과를 확인하고 결정	성취기준에 근거하여 학습 목표를 설정
수용 가능한 증거 결정하기	기대하는 학습 결과대로 학생들이 도달하였는지 알 수 있는 증거 결정	평가 계획 수립
학습 경험과 수업 계획하기	이해에 대한 증거를 가지고 학습 경험 계획	실생활과 연결된 활동을 경험할 수 있는 학습 활동 계획 수립

교사가 학생들의 수준과 흥미 등을 고려해 학생 실생활과 관련된 수업 내용과 학습자의 주도적 참여가 일어나는 학생 중심으로 수업을 설계하고 학습 활동에 참여할 수 있도록 학생의 성장을 돕는 피드백 및 보상을 제공하며 평가를 한다면 학습 목표에 잘 도달할 수 있을 것이다.

04 학생 참여·협력형 수업

수업 방법	내용
하브루타 질문 수업	짝과의 1:1 토의를 기본으로 하며, 논쟁을 통해 진리를 찾아가는 방식. 교사는 학생이 마음껏 질문할 수 있는 환경을 만들어 주고 학생이 스스로 답을 찾을 수 있도록 유도하는 역할을 함
프로젝트 학습	학생 스스로 탐구하고 싶은 질문이나 과제를 찾아, 다른 학생들과 협력하며 문제를 해결하는 과정에서 배움이 일어나는 학습
문제 중심 학습	PBL(Problem-Based Learning). 문제를 해결해 나가는 과정에서 학생 스스로 배움이 이루어지도록 하는 방법
탐구 학습	학생 스스로 새로운 사실이나 지식을 학습할 수 있도록 깊이 탐구하는 연구형 수업 방식. 어떤 문제 해결, 또는 주제의 학습을 위해 학생들의 능동적인 탐구 행위를 크게 자극하는 수업 형태
토의·토론 학습	문제 해결을 위해 토의·토론을 통해 서로 의견을 교환하며 학생 스스로 해결책을 찾게 하는 협력수업의 한 방법
Q&E 학습	Q는 질문하다(Question), E는 설명하다(Explain)의 약자. 학생 스스로 질문을 만들고 친구들과 선생님에게 질문하며 궁금한 점을 해소하고, 서로에게 설명해 가는 과정에서 배움이 일어나는 학습
거꾸로 학습	플립러닝(flipped learning). 공부는 집에서, 과제는 학교에서 하는 수업 형태. 반복학습이 가능하며 자기주도적으로 학습할 수 있게 함
액션러닝	'행동을 통해 배운다(Learning by Doing)'는 원리에 맞게 학습자 집단을 소수로 구성하여, 실제적인 문제들을 해결해가는 과정에서 성찰을 통해 학습하도록 지원하는 방식

Chapter 2.

미래 역량을 기르는 수업 설계하기

 **포인트 꼭꼭!**

☐ 수업 설계의 일반적인 절차 알아보기

☐ 학습 목표가 가장 중요해요

☐ 교수·학습 과정안의 작성법

수업은 대단히 복잡하고 역동적인 활동이다. 물론 교사가 교과 내용을 학습자들에게 설명해 주는 활동만을 수업이라고만 생각하면 굉장히 간단하고 쉬운 것일 수 있으나, 교사가 가르치고자 하는 방향을 모색하고 수업 활동을 통해 최대한의 효과를 기대한다면, 수업은 굉장히 많은 상황이 발생할 수 있어 단순하지만은 않다.

수업을 계획하고 준비하면서 학습 활동이 학습자들에게 대단히 즐겁고 의미 있는 것으로 생각되도록 하려면, 수업 전에 여러 가지를 잘 고려하여 수업을 설계하는 수업 설계의 절차가 필요하다.

05 수업 설계의 일반적인 절차

수업 설계란, 좋은 수업을 실현하기 위하여 구상하거나, 그 구상한 것을 지면에 기술하는 것으로 보통 지도안, 교수·학습 과정안과 같은 용어로 쓰고 있다.

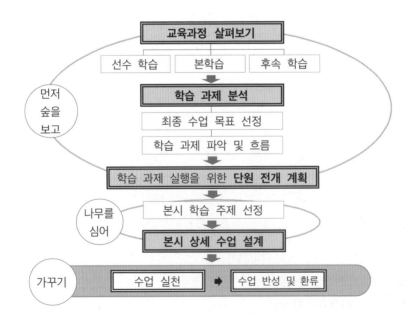

가. 수업 설계의 이해

수업을 제대로 설계하려면 수업에 대한 좋은 질문을 던질 수 있어야 한다. 대개 수업에 대한 질문은 무엇(교육과정)과 어떻게(교수학습방법)에만 치중되어 있었다. 하지만 **누가**(존재론과 관계론)와 **왜**(교육철학)에 대한 질문이 수업 설계에서 중요하다.

나. 수업 설계 시 고려해야 할 사항

□ 학생에 대한 고려: 누가 (존재론/관계론)

□ 학습 내용과 과정에 대한 고려: 무엇 (교육과정)

□ 시간에 대한 고려: 어떻게 (교수학습방법)

□ 이용 가능한 자원에 대한 고려: 어떻게 (교수학습방법)

□ 교사 자신에 대한 고려: 왜 (교육철학)

다. 수업 절차의 선정과 진행

수업 활동은 수업 목표의 달성을 위한 핵심적인 부분이다. 이를 위해 우리는 교수·학습 과정안을 작성하고 이에 따라 수업 활동을 전개하고 평가, 정리한다.

□ 수업 과정의 일반적인 단계는 선수학습 상기 → 동기유발 → 학습 목표제시 → 학습 활동 안내 → 학습자료 제시 → 다양한 교수·학습 활동 → 형성평가 → 요약정리 → 차시 예고이다.

□ 효과적인 수업을 위한 교수 기법으로는 동기 유발 기법, 교사의 발문, 판서, 교수·학습 매체의 활용, 활동 중심의 수업 방법 등이 있다.

라. 학습 성과의 평가

학습평가는 학습 목표를 실현시키기 위한 교육과정과 학습에 관련되는 활동을 진단하고 바람직한 방향으로 성취시키는 데 의미가 있다. 또한 학습자의 행동 성취 정도를 파악하고 그 원인을 분석하여 보다 나은 학습 계획을 수립하는 데 그 의미가 있다.

☐ 평가는 진단과 치료, 학습 촉진, 수업 개선, 생활 지도의 기능을 한다.
☐ 수업이 진행되는 과정에서 이루어지는 평가는 형성평가이다.

- 평가는 매시간 반드시 실시하는 것이 좋다.
- 학습자의 동기유발 및 학습 곤란성을 진단하고 해결방안을 모색할 수 있다.
- 과정 중의 **피드백**은 학생의 성장에 도움을 주고, 교사의 학습 지도방법의 개선을 주고 수업디자인에 대한 아이디어를 제공하기도 한다.

---

06 학습 목표가 가장 중요해요

학습 목표란 해당 차시의 수업을 통해서 달성시키려고 의도하는 구체적인 목표이다. 학습 목표는 상세화하고 세분화하며 명시적으로 나타내야 한다. 한 시간의 수업을 위한 학습 목표가 되려면 그 시간의 수업이 끝난 후에 학습된 결과를 분명히 관찰할 수 있도록 행동형으로 진술되어야 한다.

가. Tyler의 학습 목표 진술

Tyler는 **구체적인 내용과 행동이 포괄**되어 학습 목표 진술문 속에 제시되어야 한다고 하였다. 또한 학습 목표는 충분히 세분화되어 명시적으로 나타낼 수 있어야 하며, 교사의 행동으로 진술될 것이 아니라 학생들의 행동으로 진술될 수 있어야 한다. 특히 행동을 나타내는 동사가 '이해한다', '안다', '느낀다', '추측한다', '제시한다' 등 학습 결과를 알기가 어려운 일반적인 동사보다 '열거할 수 있다', '말할 수 있다', '제시할 수 있다'. 등과 같이 **구체적이고 명시적인 동사를 사용**해야 한다.

1) 학습 목표의 구성 요소

- 학습 내용: 수업의 과정에서 직접적으로 다루어야 할 학습 목표 성취 대상
- 도달점 행동: 학습의 결과로 학생에게 나타나는 최종적 행동

2) Tyler의 목표 진술의 예

낮과 밤이 생기는 이유를	설명할 수 있다.
(학습 내용)	(도달점 행동)

나. Mager의 학습 목표 진술

Mager는 학습 목표가 갖추어야 할 조건을 타일러보다 치밀하게 제시한다. 학습 목표는 수업 과정에서 의도하고 있는 성취 행동, 그 행동을 수행하게 될 조건, 학습 결과로 받아들일 수 있는 도달 기준의 세 가지 요소가 포함되어 진술되어야 한다. 이 방법은 학생이 학습된 행동을 수행할 수 있는 조건이 어떠한 상태인지, 그리고 얼마나 잘해야 주어진 학습 목표를 달성했다고 할 수 있을 것인가에 강조점을 두었다.

1) 학습 목표의 구성 요소

- 성취 행동: 학생들이 학습 후에 나타내 보이는 학습 결과로써, 구체적이고 객관적으로 관찰·측정 가능한 행동 용어로 진술되어야 한다.
- 조건: 학생이 어떤 상황 또는 조건 아래 그 성취 행동을 실행할 것인가 하는 것이다. 다시 말하면 학생이 학습된 행동을 평가받을 때 제공되는 장면이나 상황과도 같다.
- 도달 기준: 학습자가 목표를 달성했는지의 여부를 판단할 수 있는 기준을 말한다. 이것은 성취 행동의 특성이나 시간의 제한, 올바른 반응의 수 등을 목표 속에 진술하는 것이다.

2) Mager의 목표 진술의 예

200m 운동장 트랙을	20초 이내에	달릴 수 있다.
조건	도달기준	성취행동

◎ Tips

암시적 동사의 예

안다, 이해한다, 깨닫는다, 인식한다, 의미를 파악한다, 즐긴다, 믿는다. 감상한다 등

명시적 동사의 예

기술한다, 찾아낸다, 말한다, 구별한다, 설명한다, 변화시킨다, 계산한다, 열거한다, 수집한다, 푼다, 만든다, 해결한다, 쓴다, 비교한다, 지적한다, 그린다, 적용한다 등

다. Eisner의 학습 목표 진술

Eisner는 수업은 다양한 변수가 발생할 수 있는 복잡하고 역동적인 과정인데 행동 목표를 달성했다는 것은 단지 기준을 적용했을 때 부합했다는 의미일 뿐, 진정한 의미의 '성취'는 판단할 수 없다고 주장한다. 특히 타일러의 행동 목표를 공장의 공정으로 보고 있다고 비판하며 3가지 근거로 학생의 다양한 반응을 수용할 수 있는 수업 목표를 진술해야 한다고 주장했다. 첫째, 수업 전에 행위 목표의 형태로 구체적으로 진술하는 것은 불가능하다는 점, 둘째, 명시적으로 관찰하기 어려운 학생의 창의력과 심미적 감성을 기르는 예술 교과 등의 교과 특성을 고려하지 않은 점, 셋째, 행동 목표는 호기심, 창조성, 독창성 등의 성취도를 측정하기에 부적합하다는 점이 바로 그것이다.

따라서 Eisner는 수업 전에 세우는 행동 목표뿐만 아니라 특정한 목표가 없이 활동을 하는 과정에서 결과적으로 나타나는 성취가 더욱 중요할 때도 있으며, 학교에서 실시하는 평가는 실제적 과제를 해결하도록 하는 참평가가 되어야 하고 이것은 교육적 감식안과 교육 비평을 통해 이루어져야 한다고 강조한다.

1) Eisner의 교육 목표

> • 행동 목표: 학습자 입장에서 '학습 내용'과 '도달점 행동'을 명시적으로 진술하는 것
> • 문제 해결 목표: 학생들에게 해결해야 할 문제가 주어지고, 일정한 조건 내에서 문제를 해결할 수 있는 다양한 해결책을 모두 인정한다. 도달점 행동이 나올 수 있다면 논리적인 방법으로 진행된 해결책이 모두 정답이다.
> • 표현적 결과: 구체적인 활동 목표를 교사가 미리 정하지 않고, 정해진 활동을 하는 중이나 끝난 후에 얻게 되는 교육적으로 바람직한 변화를 갖게 되는 결과이다. 즉 활동을 마친 후에 학생이 결과적으로 어떤 변화를 만들어 내었는가에 따라 결정된다.

2) Eisner의 목표 진술의 예

> • 친구가 만든 즉흥곡을 듣고 다양한 방법으로 느낌을 표현해 보자.

07 교수 · 학습 과정안의 작성법

좋은 수업을 위한 수업의 준비 단계에서 가장 중요한 일은 바로 교수·학습 과정안의 작성이다. 교수·학습 과정안은 교수·학습의 목표를 효과적으로 달성하기 위하여 학습의 목표, 내용, 과정, 행동, 자료, 평가 등을 구체적이고 면밀하게 조직적으로 구안한 계획서이다.

따라서 교수·학습 과정안은 학습 내용, 교재의 종류, 학습자의 요구수준, 학습 환경 등에 따른 특성을 고려하고, 필요에 따라서는 지도 계획을 변경할 수 있도록 융통성 있게 작성하여야 한다.

가. 교수 · 학습안 작성 시 고려할 사항

일반적인 교수·학습 과정안 작성 시 고려할 점은 다음과 같다.

• 적절하고 구체적인 학습 목표를 설정하였는가?

- 학생들의 수준을 고려하여 수업 내용을 선정하였는가?

- 학생 활동과 판서 계획 등을 준비하였는가?

- 단계별 수업 방법과 발문 등을 구상하였는가?

- 수업의 각 단계별 배당 시간을 계획하였는가?

- 중점적인 강조사항을 미리 체크하였는가?

- 수업 보조 자료의 사용 시기와 방법을 계획하였는가?

- 과정 중심 평가 내용이 명시되었는가?

나. 교수·학습안 작성의 실제

일반적인 교수·학습안의 항목은 학습 단계, 학습 과정, 교수·학습 활동, 시간, 자료 및 유의점이다.

1) 학습 단계

- 각 교과에 맞는 교수·학습 모형의 단계를 기술하되, 창의적 체험활동 등 비교과 영역은 '도입-전개-정리'로 설정하여도 무난하다.

2) 학습 과정

- 교수·학습 활동의 첫 번째 항목과 같게 적거나, 그 내용이 잘 드러나게 요약하여 적는다.

- 학습 과정에 학습 조직을 넣어서 학습 과정마다 학습 조직(개별, 짝, 모둠, 전체)을 표시하는 게 좋다.

3) 교수·학습 활동

- 전시 학습 상기를 통하여 전 차시와 연계된 수업을 진행하는 것은 수업의 효율을 높인다.

- 본시 학습 유도를 위한 동기유발: 언어적 방법, 동영상, PPT, 역할극 등 학습의 관심과 흥미를 유발할 수 있는 동기 유발 전략을 사용한다.

> 🎯 **Tips 켈러의 ARCS 동기유발 전략**
>
> ☐ 주의집중(Attention): 학습자의 흥미와 호기심을 자극하는 전략사용
> ☐ 관련성(Relevance): 학습자의 생활이나 환경과 관련된 전략 사용
> ☐ 자신감(Confidence): 성공의 확신을 느끼게 함으로써 동기유발
> ☐ 만족감(Satisfaction): 내적·외적 보상으로 학습 수행의 동기유발

- 목표 진술: 명시적 목표(내용+성취 행동)로 행동 목표를 진술한다.
- 학생들에게 안내되는 학습 문제는 활동 중심의 용어로 '~봅시다. ~해보자'로 기술한다.
- 기호 등을 분명하게 구분하여 사용하는 게 좋다.
  (○: 학습 요항과 같은 내용 ·: 교사 활동 -: 학생 활동)
- 각 활동의 제목에도 내용+성취 행동이 드러나도록 진술한다.

4) 시간

- 학습 단계별로 시간을 넣는다.
- 도입과 정리, 차시 예고가 1/3을 넘지 않도록 하여서 학습 목표 관련 주요 활동에 적절한 시간을 부여하도록 한다.

5) 자료 및 유의점

- 유의점(※): 교수·학습 활동 중에 꼭 필요한 유의점만 기술하고 일반적인 내용은 쓰지 않는다.
- 자료(□): 나오는 순서대로 1, 2, 3…으로 적되, 앞에 나온 자료는 처음의 그 번호를 쓰며, 사용하는 자료의 내용을 밝히는 게 좋다.

Chapter 3.

배움과 나눔으로 수업에 날개 달기

포인트 꼭꼭!

☐ 함께 성장하는 수업 나눔

☐ 수업에서 무엇을 볼 것인가?

☐ 수업자의 눈 되어 주기

교사의 수업 전문성을 키우기 위해서는 수업에 관하여 동료 교사들과 적극적으로 소통하는 문화가 정착되어야 하지만 개방적인 수업문화가 정착된 학교를 찾기는 매우 어렵다. 왜냐하면 개방적인 수업문화에는 자발성이 필요하기 때문이다. 또한 수업 개선에 대한 열망으로 자발적으로 교실을 연다고 하더라도 동료 교사들로부터 의미 있는 조언을 듣기란 쉽지 않다(박효정, 2011). 의미 있는 조언이나 수업에 대한 진지한 대화가 잘 이루어지지 않는 이유는 수업자에 관한 평가가 주를 이루는 잘못된 협의회의 정착 때문이다. 그로 인해 교사들은 점점 교실 문을 닫게 되었고 수업 나눔을 부담스럽고 하기 싫은 것으로 간주하게 되었다. 수업 참관의 초점이 교사에서 학생으로, 가르침에서 배움으로, 수업의 성패가 아니라 배우는 즐거움과 가르치는 어려움으로 바뀐다면 수업 공개의 의미가 더 커질 것이며 함께 성장하는 수업문화를 만들 수 있을 것이다.

08 함께 성장하는 수업 나눔

가. 수업 나눔의 시작-사전 수업 협의회

수업 협의회의 필요성은 다양한 측면에서 나타난다. 교사들은 교육과정 재구성, 수업 계획과 준비, 생활 지도 등을 함께 고민하고 나누면서 함께 만드는 기쁨과 새로운 수업 경험을 할 수 있다. 이는 교사들의 전문성 향상과 학생들의 배움에 직접적인 영향을 미친다. 또한, 사전 수업 협의회는 교사들 간의 협력과 소통을 강화하여 교사 커뮤니티를 공고히 하고 학교생활 만족도를 높이는 데도 도움이 될 수 있다.

◆ 수업 목표를 공유하고 일관성 있는 교수 방향을 설정하는 데 도움을 준다.

◆ 수업에 필요한 자료와 교재를 공유하고, 준비 과정에서 상호 지원을 할 수 있도록 돕는다.

◆ 다양한 관점과 교수 전략을 공유하는 장으로 자신의 경험과 전문 지식을 토대로 수업에 대한 아이디어와 창의적인 접근법을 제시할 수 있다. 이는 교사들 간의 상호 학습과 개발을 촉진하며, 수업에 다양성과 유연성을 가져올 수 있을 것이다.

◆ 학생들의 다양한 요구와 생활 지도를 고려하는 시간을 제공한다. 교사들은 학생들의 학습 수준, 특별한 요구사항, 관심사 등을 공유하고 이를 반영하여 수업을 계획할 수 있다. 또한, 수업 중 도움이 필요한 학생들을 지원할 수 있는 방법에 대해 논의할 수 있다.

◆ 교사들 간의 협력과 효율성을 강화하는 플랫폼을 제공한다. 수업 준비를 함께하고 의견을 교환하면서 팀으로서의 팀워크를 경험할 수 있다. 이는 개별 교사들이 시간과 노력을 절약하고, 수업 계획과 자료 활용에서 효율성을 높일 수 있도록 도울 것이다.

◆ 교사들의 전문성 향상과 계속적인 발전을 촉진한다. 교사들은 수업을 돌아보고 피드백을 주고받으며, 자신의 교수법을 개선하고 전략을 조정할 수 있다. 또한, 최신 연구 결과와 교육 동향에 대한 정보를 공유하고 이를 적용하여 자신의 수업을 발전시킬 수 있을 것이다.

나. 배움과 나눔의 장-사후 수업 협의회

수업 협의회는 수업자의 수업 고민을 중심으로 이야기를 나누어야 한다. '수고했다.'는 덕담 수준의 이야기나 수업자에 대한 평가가 아니라 수업자가 평상시, 수업 전, 수업 중 그리고 수업 후 고민하고 있는 것들을 함께 나누는 시간이 되어야 한다. 수업자의 어려움을 함께 나눌 때 수업자나 참관자 모두에게 배움이 일어나고 다 함께 성장하는 수업 문화를 만들어 갈 수 있을 것이다.

◈ 평상시

- 평소에 수업에 대하여 가장 고민이 되었던 것은 무엇인가요?
- 학생들에 대해 평소에 고민이 되었던 점은 무엇인가요?

◈ 수업 전

- 수업을 준비하면서 가장 고민되거나 많이 생각했던 것은 무엇인가요?

◈ 수업 중

- 수업을 진행하면서 어떤 부분이 가장 마음이 쓰였나요?

◈ 수업 후

- 수업이 선생님의 의도대로 흘러갔나요?
- 수업 나눔을 통해 가장 해결하고 싶은 부분은 무엇인가요?

09 수업에서 무엇을 볼 것인가?

내 수업에 대한 고민 속에서 다른 사람의 수업을 관심 있게 보다 보면 자신도 모르는 사이 수업을 보는 눈이 생기고, 내 수업도 성장하게 될 것이다.

◈ 학생의 배움

- 학생들은 소외되는 사람 없이 질 높은 배움에 도전하고 있는가?
- 학생들은 활동하고 협동하며 표현(공유)하고 있는가?

◈ 교사의 활동

• 교사는 학생 한 명 한 명에 주목하면서 듣고 이어주고, 기다려 주는가?

• 교사는 학생과 함께 호흡하며 수업 활동을 어떻게 재배치하고 있는가?

◈ 교실에서의 관계

• 학생들은 서로 듣고 배려하며 협동하고 있는가?

• 학생들은 주제를 중심으로 친구와 대화하며 자신과도 만나고 있는가?

◈ 배운 점

• 수업에서 좋았거나 함께 나누어 보고 싶은 것이 있다면 무엇일까?

• 수업을 통해서 나는 무엇을 배웠는가?

10 수업자의 눈 되어 주기

수업 관찰을 할 때 사실과 해석을 구분하여 기록하는 것이 좋다. 왜냐하면 수업 참가자의 판단이 들어가면 수업을 있는 그대로 관찰하기 힘들고, 해석도 왜곡되기 쉽기 때문이다.

가. 수업 참관록(예시)

교과		대상	
단원		일시	
수업자		참관자	
수업자의 눈 되어 주기	학습자는 어디에서 배우고 어디에서 주춤거리고 있는가?		
	학생들은 어떻게 배우고 있는가?		

	학생들의 표현 활동은 충분히 이루어지고 있는가?	
	학습자의 배움은 어느 지점에서 이루어지고 있는가?	
	교사의 의도와 수업의 흐름이 일치하는가?	
	학습자 간의 의미 있는 의사소통이 이루어지고 있는가?	
기타		

Chapter 4.

학생과 함께 배움이 있는 수업 만들기

포인트 꼭꼭!

☐ 왜 학생과 함께 만들어 가는 수업이 중요한가?

☐ 질문이 있는 수업

☐ 학생 참여형 수업 방법

11 왜 학생과 함께 만들어 가는 수업이 중요한가?

교실은 다양한 경험과 배경을 가진 학생들이 함께 모이는 곳이다. 그동안의 학교 교육은 교사 위주의 수업이 대부분이었다. 이러한 교실 현장에서는 학생의 욕구를 다 채우기가 어렵다. 가르침과 배움의 경계를 허물어 학생이 주체가 되어 함께 수업을 만들어 갈 때 학생들에게 진정한 배움이 일어날 것이다.

가. 학생들에게 수업에 참여할 기회를 제공하고, 자신들의 의견과 아이디어를 자유롭게 표현할 수 있도록 격려한다.

나. 학생들끼리 그리고 학생들과 교사들 사이의 상호작용과 협력은 학습의 질을 높이는 데 중요하다. 학생들이 서로의 의견에 귀를 기울이고 존중하는 태도를 키우며, 팀 프로젝트와 그룹 활동을 통해 협력 방법을 배울 수 있도록 돕는다.

다. 학생들에게 학습에 대한 관심과 동기 부여를 제공한다. 학생들이 수업의 주인공이 되어 자신들의 관심사와 관련된 주제를 선택하고 연구하는 과정에서 보다 더욱 열정적으로 학습하게 된다.

라. 학생들이 문제 해결과 비판적 사고 능력을 발전시키는 기회를 제공한다. 학생들은 자유롭게 질문을 제기하고 문제를 해결하기 위한 다양한 방법을 모색하며, 다른 사람의 아이디어를 비판적으로 검토하고 발전시킬 수 있다.

마. 학생들은 자신들의 학습 목표를 설정하고, 필요한 자료를 조사하고, 학습 방법을 선택하는 데 주도권을 가진다. 이는 학생들이 더 나은 학습 경험을 만들고, 지식을 보다 깊게 이해하고 소화하는 데 도움이 된다.

바. 학생들은 서로의 다양한 배경, 경험, 관점을 존중하고 수용하는 문화를 형성한다.
이는 학생들이 상호작용하며 서로의 차이점을 이해하고 인정하는 데 도움이 되
며, 존중을 기반으로 한 학습공동체를 형성하는 데 기여할 수 있다.

사. 학생들은 자신의 진행 상황을 평가하고 개선하는 기회를 가질 수 있다. 교사들은
학생들의 성과를 관찰하고 개별화된 피드백을 제공하여 학생들이 성장하고 발전
할 수 있도록 지원한다.

12 질문이 있는 수업

가. 왜 학생 질문인가?

질문은 모르는 것을 알고자 하거나 공부를 잘하기 위한 목적으로만 하는 것이 아니
다. 다른 사람의 생각을 이해하거나 자신의 앎을 확인하기 위해, 성장하고 성찰적인 삶
을 살기 위해 나아가 민주시민으로 문제를 해결하거나 참여하는 삶을 살기 위해 필요하
다(정혜승, 2022).

나. 질문이 살아있는 수업을 위한 10가지 습관

좋은 수업은 교사의 독백이 아니라 학생들과의 대화로 채워지는 것이다. 수업에서 대
화는 교사와 학생 간, 학생과 학생 간의 질문을 통해 이루어지며 학생이 수업에서 질문
을 한다는 것은 배움이 살아있다는 증거가 되어 수업의 나아갈 방향을 제시해 준다. 학
생이 참여하고 주도적으로 배움이 일어나는 수업을 위해 아래의 내용을 참고하여, 질문
이 살아 있는 좋은 수업을 만들어 보자.

☐ 학생 입장에서 질문하라.

□ 교사가 질문을 독점하지 마라.

□ 학생의 질문을 다른 학생에게 연결하라.

□ 특정 학생을 지목하여 질문하라.

□ 특정 학생을 지목하여 질문을 하였으면 최소한 7초는 기다려라.

□ 절대로 자문자답하지 마라.

□ 학생이 엉뚱한 질문을 하거나 오답을 말해도 부정적으로 반응하지 마라.

□ 질문을 한 후에는 경청하고 반응을 보이라.

□ 구조화된 질문을 사용하라.

□ 학생들의 수준, 수업 맥락, 상황 등에 맞는 질문을 적절하게 사용하라.[2]

13 학생 참여형 수업 방법

학생 참여형 수업은 존중, 공감, 소통의 교실문화를 기반으로, 수업의 전 과정을 통해 학생의 배움을 일으키는 학습활동(사고, 토의·토론, 체험 등)이 중심이 되는 수업이다. 학습자의 능동적인 학습으로 학습자의 자기 주도적 학습능력 및 창의성을 길러주는 수업이다.

가. 프로젝트 학습

프로젝트 수업은 하나의 주제를 해결하기 위하여 다양한 방법과 내용으로 계획을 수립하고 해결해 가는 수업이다. 수업에서 교사-학생이 함께 정해진 주제에 대한 해결 방법을 연구하고 협력하며 주제를 중심으로 학생 각자의 지식기반을 스스로 구축해 갈 수 있는 구성주의적 학습 방법이다.

프로젝트 수업에서 교사는 안내자이면서 학습의 촉진자이고 협력자이며, 프로젝트

---

2   김현섭, 『질문이 살아있는 수업』, 한국협동학습센터(2015), 64~67쪽

수업의 성공은 학생들의 노력과 교사의 계획된 준비에 있다. 학생 스스로 몰입하여 깨달음의 기쁨을 느끼고 배움의 본질을 학습하고 나아가 삶의 행복으로 이어지도록 학습의 주도권을 학생이 가진다.

1) 프로젝트 학습의 준비
- 주제를 선정하고 예비 주제 개념망을 구성한다.
  - 마인드맵: 주제와 관련된 단어들을 최대한 적는다.
  - 예비 주제 개념망 그리기: 소주제별로 유목화가 다 이루어지고 나면 주제를 중심으로 한 망의 형태로 조직한다.

- 자원목록 작성 및 준비
  - 주제를 전개시키는 데 필요하리라고 예상되는 자원을 조사하고 준비하는 것이다.

2) 프로젝트의 수행
- 주제 설정
  - 무엇을 할 것인가의 주제를 설정하는 단계로 구체적인 프로젝트명을 정하고 그 주제를 해결하기 위한 기본 단계이다.
  - 브레인스토밍, 주제망 구성하기, 질문 목록 만들기, 주제 설정

- 프로젝트 실행
  - 전문가의 조언 듣기, 자료 조사하기, 현장(견학, 체험) 학습 진행하기

- 평가
  - 프로젝트 수행의 전체 과정과 산출물을 평가하는 단계로서 자기평가, 학생 상호 간의 평가, 교사에 의한 평가 등이 수행된다.

- 보고서/작품 전시/산문 쓰기/대형 작품 만들기/역할극/연극

3) 프로젝트 예비 주제 개념망(마인드맵)

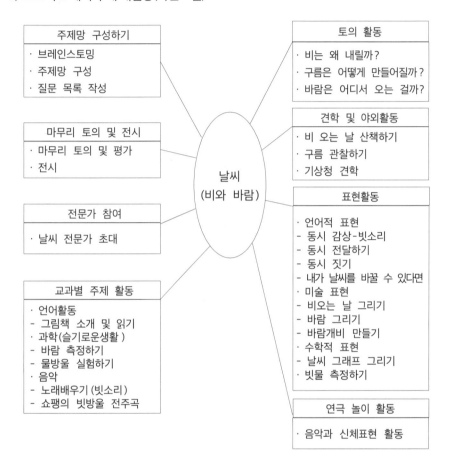

나. 거꾸로 학습법(Flipped Learning)

기존 '수업 후 복습'의 수업 방식을 바꾸어 '예습 후 수업'의 개념을 도입한 새로운 수업 방식을 말한다.

2010년경 처음 미국에서 시작하여 우리나라 대학 및 초·중등 교육에도 확산되고 있다. 수업 전 동영상 등 기본 학습 내용을 예습하고 수업 중에 모둠·팀별 토론, 문제 해

결 활동 등 학생 참여중심의 수업을 진행하는 학습법이다.

1) 거꾸로 학습법의 효과

미래교육 패러다임에 부합되는 학습자 중심의 교수학습방법인 Flipped learning은 학습자 만족도와 학업성취도 면에서 그 효과가 입증되고 있다.

- 학습자들의 자기 주도적 학습 능력을 바탕으로 동료 학습자와의 협업을 통한 문제 해결 능력이 높아진다.
- 학습자 중심의 교수학습법 활용으로 교수자의 수업 능력 신장은 물론 학습자의 높은 학습 성취도와 창의, 인성 교육의 효과를 기대할 수 있다.
- 거꾸로 학습법은 모든 학생들이 수업에 참가하여 재미와 즐거움을 느끼게 된다.

⊙ Tips 거꾸로 학습의 방법들

사전 동영상의 제작, 거꾸로 수업 팁 등은 아래 대표 교육 사이트와 책을 참고.

☐ 거꾸로 학습법 대표 교육 사이트

미래교실네트워크(http://www.futureclass.net)

다. 하브루타(Havruta: 유대인 토론) 학습법

학생들끼리 짝을 이루어 서로 질문을 주고받으며 논쟁하는 유대인의 전통적인 토론 교육 방법이다.

1) 학습 피라미드의 하브루타

- 강의 전달 설명은 5%, 읽기는 10%, 시청각 교육은 20%, 시범이나 현장 견학은 30%의 효율성을 갖는다.

- 그런데 토론은 50%, 직접 하는 것은 75%, 다른 사람을 가르치는 것은 90%의 효율을 갖는다.

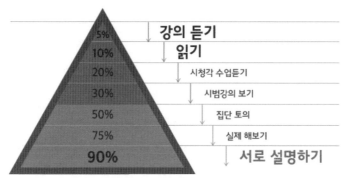

출처 : NTL (National Traning Laboratories)

2) 짝 만들기

앉은 자리에 따라 짝을 지어주고 인사하고 악수하고 자기소개를 하며, 상대방의 첫인상에 관한 좋은 말을 한마디씩 이야기한다.

3) 짝토론

'서로 협력하여 문제 해결 및 창의적인 아이디어를 도출해 내기 위한 시간이다'라는 것을 알려 준 후 짝끼리 충분히 토론한다.

4) 질문에 대한 선생님의 대응법

선생님에게 질문하는 경우 빠른 답을 해 줄 수 있지만, 짝끼리 그 문제를 해결할 수 있도록 답을 미리 말하지 않는다.

라. 소통하고 나누는 협력학습

학습 목표 달성을 위해 학생과 학생 혹은 학생과 교사 사이의 협력에 초점을 두는 형태로 학생 각 개인은 혼자서는 해결할 수 없는 과제를 서로 협력하여 공동으로 작업에 참여하는 것이다. 공동의 학습 목표 달성을 위해 대화를 통한 정보의 공유, 상호작용, 참여가 중요하다.

1) 모둠 세우기로 여는 구조중심 협력학습

모둠 세우기는 교사의 학급 경영 효율성을 높이고 학급 공동체를 통해 학생들이 주인 되는 교실을 만들기 위한 학급 경영의 방법이다.

- 같으면 앉아요 구조: 동시에 여러 명의 발표를 들어보고 나누는 협력학습법
- 플래시카드 구조: 짝을 지어서 플래시카드 한 세트를 만들고, 활동을 할 때 틀렸으면 답을 보여 주고 뒤쪽으로 넘기기
- 돌아가며 말하기 구조: 협동학습 구조의 가장 기본이 되는 구조로서 생각할 시간을 주며 이끔이의 진행으로 한 사람씩 쓰거나 발표 후 다른 모둠원들의 평가가 있다.

2) 사회적 기술로 소통하고 나누는 협력학습

- 경청 T 차트: 모둠 안에서 먼저 두 명씩 짝꿍끼리 이야기한 다음 짝꿍이 한 이야기를 대신 정리하여 모둠 안에서 발표하는 방법이다.
- 무지개 물고기로 칭찬하기: 각자 물고기를 그리고 비늘을 학생 수만큼 만들어 각 친구들의 장점을 써서 비늘을 친구 물고기에 붙여 주는 활동이다.
- 감정 일기쓰기: 일기장 첫 장에 감정목록표를 붙이고, 매일 아침 3줄 삶 쓰기에 나의 감정을 나타내는 낱말을 골라 일기를 쓰고 모둠에서 발표한다.
- 공감대화 카드놀이: 친구의 입장에서 공감대화 카드놀이를 해 보면서 친구의 마음을 이해할 수 있다.

마. 토의·토론학습

토의는 어떤 주제에 대해서 여러 사람들이 정보와 의견을 교환하여 그 주제에 대해 학습하는 활동이며, 토론은 주제에 대해 서로 다른 주장을 하는 사람들이 논증과 실증을 통해 규칙에 따라 자기주장으로 설득하려는 말하기·듣기 활동이다.

학교에서 학습을 위해 토의와 토론을 수업에 적용할 때는 수업 목표를 달성하기 위해 수단으로 사용하기에 두 방법을 함께 사용하는 것이 현실적이고 실용적이다.

1) 일반적인 토론 기법들

• PMI 토론: 열린 생각을 하게 하여 창의적인 생각이 나오도록 하는 기법이다.

  - P(Plus): 좋은 점(장점)만 이야기하기

  - M(Minus): 나쁜 점(단점)만 이야기하기

  - I(Interest): 아이디어에 대하여 발견한 흥미로운 점만 이야기하기

• 찬반 대립 토론: 찬성과 반대로 대립하는 양측이 주어진 논제에 대해 주장과 검증, 의논을 되풀이함으로써 이성적 판단을 내리는 과정이다.

• 신호등 토론: 빨강, 노랑, 초록의 카드로 토론 참가자들이 의사를 표현하는 토론 방식이다. 다수가 동시에 토론에 참여하기 좋은 방법이다.

• 원탁 토론: 찬반의 입장이나 갈등이 명확하지 않은 논쟁 문제 등을 두고 원탁에 둘러앉아 어떤 형식에 구애되지 않고 전원이 자유롭게 토의한다.

• pro-con 토론: 찬성과 반대의 입장을 모두 경험해봄으로써 최선의 해결책 찾는 방

식이다. 모둠 내 미니 모둠을 만들고 찬성과 반대를 주장 후 서로 입장을 바꾸어서 다른 모둠이 주장한 것에 대한 평가를 한다.

🎯 Tips 생선뼈-물고기 뼈대 세우기

생선뼈 모양의 학습지에 자신의 경험을 바탕으로 서론, 주장, 이유, 결론을 적고 친구들과 서로 나누는 토론 기법

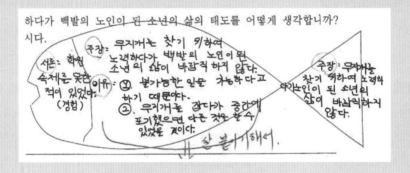

Chapter 5.

수석교사만이 줄 수 있는
교과별 수업 TIP

포인트 꼭꼭!

☐ 먼저 교과별 관련 수업이론을 알아보아요

☐ 수석교사만의 교과별 새로운 수업 노하우

☐ 교과별 학생 참여중심 수업 방법 TIP!!

14 국어과 수업을 위한 TIP

국어과는 국어가 지닌 언어적 보편성과 국어적 특수성을 바탕으로 하여 학습자의 국어 능력을 길러 주는 교과이다. 국어 능력은 **모든 학습 능력과 사고 능력의 기초**가 되므로 학습자의 국어 능력 발달의 특성을 이해하고 이를 바탕으로 교수학습의 방향을 모색해야 한다.

국어 수업 시간이 재미있으려면 평소 책을 즐겨 읽는 학급 분위기를 만드는 것이 가장 중요하다. 책 읽어 주기, 책 소개하기, 책 함께 읽기 등을 수업 시간과 수업 외의 시간을 활용하여 지속적으로 실천하여 책을 좋아하고 책을 즐겨 읽는 습관을 들이도록 하는 것이 중요하다.

가. 국어 수업 흐름

1) 일반적인 수업의 흐름

- 도입: 학생들이 주변에서 쉽게 접할 수 있고, 생활 경험과 관련 있는 수업 자료를 활용하는 것이 효과적이고, 동기유발 영상자료 활용 시에는 2분 이내로 편집하여 활용함.
- 전개: 학생 스스로 문제를 해결하도록 장을 펼쳐주는 수업으로 설계함. 하브루타 질문수업, 토의토론, 놀이수업 등으로 학생들이 모두 참여할 수 있는 수업으로 구성함.
- 정리: 배운 내용을 공책에 정리하며 메타인지시키기.

2) 국어과 수업 활용 모형

모형	절차			
직접 교수 모형	설명하기	시범 보이기	질문하기	활동하기
문제 해결 학습 모형	문제 확인하기	문제 해결 방법 찾기	문제 해결하기	일반화하기

창의성 계발 학습 모형	문제 발견하기	아이디어 생성하기	아이디어 선택하기	아이디어 적용하기
지식 탐구 학습 모형	문제 확인하기	자료 탐색하기	지식 발견하기	지식 적용하기
반응 중심 학습 모형	반응 준비하기	반응 형성하기	반응 명료화하기	반응 심화하기
역할 수행 학습 모형	상황 설정하기	준비 및 연습하기	실연하기	평가하기
가치 탐구 학습 모형	문제 분석하기	가치 확인하기	가치 평가하기	가치 일반화하기
전문가 협동 학습 모형	계획하기 (모집단)	탐구하기 (전문가 집단)	서로 가르치기 (모집단)	발표 및 정리하기
토의·토론 학습 모형	주제 확인하기	토의·토론 준비하기	토의·토론 하기	정리 및 평가하기

나. 참여중심 수업 사례

1) 문학영역(시단원) 수업

문학영역(시단원)을 지도할 때 시를 너무 분석하는 측면이 있다. 시의 내용을 파악하는 방법으로 시 수업을 하면 재미있다.

[시인 인터뷰]

① (수업 며칠 전) 시인이 되어 인터뷰에 응할 사람을 미리 정한다. 희망자는 자신의 이름이 적힌 쪽지를 뽑기 상자에 넣는다.

② 교사가 쪽지를 하나 뽑고, 뽑힌 아이에게만 다른 아이들 몰래 뽑힌 사실을 알려 준다.

③ 시인을 소개한다. (수업 당일)

④ 시인이 낭송하는 시를 듣는다.

⑤ 시인에게 궁금한 점을 질문한다.

⑥ 마무리한다.

[박수 도미노]

① 교사가 박수 도미노 '주제'를 발표하기

〈예〉시를 읽고 떠오르는 생각을 박수 도미노로 발표하겠습니다.

② 발표 순서 정하기

③ 첫 번째 순서의 학생이 자신의 생각을 발표하기

④ 발표가 끝나면 모든 학생들이 다 함께 박수 2번 치기

⑤ 순서대로 모든 학생들이 발표한 후 마지막에 함께 "끝~"을 외치며 박수 2번 치기

2) 문단의 개념 이해와 중심 문장 찾는 수업

* 문단의 개념 이해(3-4학년)

교과서에 제시된 문단, 또는 교과서 밖에서 가져온 4-5개의 문장으로 구성된 복수의 문단을 문장 단위로 해체하여 한 문장씩 A4 용지 또는 문장 카드에 옮겨 적는다. 이를 무작위로 한 장씩 배부한 다음 같은 내용의 문장을 가진 친구끼리 모이게 한다. 그리고 문맥을 생각하며 알맞은 순서로 늘어서게 한다.

* 문단에서 중심문장과 뒷받침 문장 찾기(3-4학년)

앞의 활동에서 문단을 구성한 후 모둠별로 의논하여 가장 중요한 문장, 또는 다른 문장의 내용을 다 포함하는 가장 뜻이 넓은 문장을 가려내게 한다. 이때 중심문장의 위치가 처음에 오는 경우와 마지막에 오는 경우를 의도하여 문단을 제시해야 내용을 살펴보지 않고 무조건 첫 문장을 선택하는 오류를 막을 수 있다.

3) 시사 문제를 활용한 수업

요즘 학생들은 글보다는 영상 매체에 더 많이 노출되어 있고 독서를 하더라도 다양한 분야가 아닌 만화에 집중되는 경향이 있다. 이러한 현실을 개선하고 좀 더 학생들에게 유익한 길을 위해 수업에 시사 문제를 활용하면 지금껏 경험하지 못한 세상을 다양한 관점에서 바라보는 종합적인 눈을 키우는 계기가 될 것이다.

* 수업의 예시(2020. 10. 8. 울산 33층 주상복합아파트 ○○ 아파트화재)

① 모르는 낱말에 동그라미 표시(예: 복합 패널, 피난 공간)

② 인상적인 부분에 밑줄 긋기(예: <u>33층짜리 건물의 화재임에도 중중환자나 사망자가</u>
<u>0명이다.</u>)

③ 자신의 언어로 요약하여 쓰기

④ 문제점이나 바람직한 점을 찾아 쓰기(건물 규모에 따라 의무사항이 아님에도 피난
공간을 만들었기에 인명피해가 없었음)

⑤ 나의 생활에 적용시킬 점 찾기(인성, 안전, 규칙 지키기, 불조심, 응급처치 지식 등)

4) 독서 단원 수업

[독서 준비 단계]

가. 책의 선정(2020 서울시교육청 교육연구정보원 연구 보고서 인용)

◆ 독자

- 학생의 발달 단계를 고려했는가?

- 학생의 독서 수준에 적합한가?

- 학생의 흥미와 정서에 적합한가?

◆ 텍스트

- 우리 문화와 우리말의 아름다움을 담고 있는가?(국내 문학)

- 학생들과 이야기를 나눌 수 있는 주제를 담고 있는가?

- 시대가 달라도 학생들이 공감할 만한 배경, 정서를 담고 있는가?

- 편견 없는, 영원하고 보편적인 가치관을 담고 있는가?

- 상상력을 발휘하며 아이들의 생각이 성장할 수 있도록 돕는 책인가?

- 작품 속에서 주인공의 성장을 엿볼 수 있는가?

◆ 교육과정: 성취기준을 달성할 수 있는가?

나. 책 준비
- 개인이 구입하는 것을 권장(2023년부터 학교예산으로 도서구입 지원)

- 책 구입을 통하여 책에 대한 관심과 애착이 생기고 여러 권을 읽을 수 있음

- 학교나 학교 상황에 따라 여러 권을 구입하거나 도서관에서 대출 활용

- 학급에는 여분의 책 준비

다. 책 읽기 방식
- 선생님이 읽어 주기

- 혼자 읽기

- 짝 읽기

- 번갈아 읽기(교사-학생, 학생-학생)

- 모둠 읽기

- 전기수(조선 후기에 소설 등을 읽어 주는 직업적인 낭독가) 읽기

- 돌아가며 읽기

- 소리 내어 읽기

- 눈으로만 읽기

[독서 수업]
가. 독서 전 단계 활동

- 서지정보 알기

- 표지(책 제목, 그림) 보며 내용 예측하기

- 제목 가리고 그림만 보며 제목 예측하기

- 지우개 지우기: 내용 예측하기

나. 독서 단계

- 자신의 경험과 관련지어 읽기	- 신호등 토의하기: 찬성, 반대, 중립
- 궁금한 내용을 질문하며 읽기	- 핫시팅
- 읽은 부분의 내용 정리하기	- 인물 인터뷰하기
- 낱말 파악하기	- 역할극하기
- 질문 만들고 생각 나누기	- 인물관계도 만들기
- 감동받거나 좋은 문장 찾기	- 마인드맵 그리기
- 나도~ 나만! 활동: 공감 활동	- 연표 만들기
- 이런 사람 일어나세요: 공감 활동	- 골든벨
- 가장 마음에 드는 장면 그리기	- 월드카페
- 삽화 따라 그리기	- 뒷이야기 상상하기
- 책갈피 만들기	- 그림카드 보며 줄거리 만들기
- 토의 주제 찾아 토의하기	

다. 독서 후 단계

- 별점 주기	- 등장인물에게 상장 주기
- 한 줄 평	- 서평 쓰기
- 한 문장 쓰기	- 독서 신문 만들기
- 책 내용 간추리기	- 책 표지 다시 만들기
- 광고 만들기	- 같은 작가의 다른 책 읽기
- 독후감상문 쓰기	- 비슷한 주제의 다른 작가 책 읽기

| - 작가에게 편지 쓰기 | - 패러디 동화 원작과 비교하기 |
| - 등장인물에게 편지 쓰기 | - 같은 원작 다른 장르 작품 보기
(예: 책과 영화) |

15 사회과 수업을 위한 TIP

사회과 수업에서 의욕과 능력이 낮은 학생을 위한 교수법은 무엇이 있을까? 교사가 학생들의 동기 수준을 높이고 지적 자극을 제공하여 변화를 통해 기대 이상의 성과를 이끌어 내는 변혁적 교수법이 필요하다.

가. 사회과 수업 이론

1) 놀이형(관계 지향형) 교수법

교사가 학생들의 호감을 얻고 비전과 사명감을 제공하여 학생들이 자부심을 갖도록 학생들의 강점을 찾아 강화하는 것이다. **교사와 학생과의 관계가 먼저이다.** 좋은 관계를 위해서는 먼저 학생의 성장 배경이나 현재의 어려움 및 개인적으로 문제가 있는 학생 체크가 필요하다.

→ **호주머니 속 5개의 동전 옮기기:** 왼쪽 주머니에 동전을 넣고 칭찬할 때마다 오른쪽으로 옮기는 것으로 학생들을 관찰하며 칭찬거리를 찾아서 칭찬하는 습관을 길러 본다.

→ **경청하기 습관:** 친구들이 발표할 때 경청하기가 가장 중요하다. 친구가 발표할 때 잘 들리지 않으면 누구든 먼저 "좀 더 큰 소리로 말해 주세요"라고 외치기 시작하면 다른 사람들도 함께 제창하여 모든 사람들이 발표자에 집중하고 있음을 인식하

게 한다. 그리고 친구의 발표가 틀렸다 해도 비난하거나 자르지 않기를 첫 시간에 학습 규칙으로 알려준다.

2) 교사와 함께하는 '릴레이 말하기' 수업활동

전시 학습 상기에도 매우 좋고 학습에 대한 참여도를 높여주기 때문에 도입 단계나 정리 단계에서 실시하면 좋다. 주제가 정해지면 한 명씩 그에 대한 자신의 생각이나 내용을 말한 다. 반드시 직선으로 옆 또는 뒤로 진행된다.

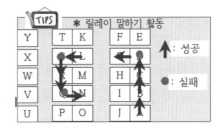

만일 중도에 발표하지 못하는 학생이 있을 때는 "다음에"라고 말하면 진행 방향이 옆으로 가게 된다. 발표하지 못하는 누적 학생이 3~5명이면 활동을 중단한다.

3) 교사와 함께하는 '내 언어로 말하기' 수업활동

많은 연구 결과에 의하면 지식은 머리로 이해한 것을 자신만의 언어로 표현할 수 있을 때 온전한 자기 것이 된 다고 한다. 사회과 정리 단계에서 오늘 배운 본시 학습 요점을 내 언어로 정리하기 활동이다. 오늘 배운 핵심 내 용을 짝이나 모둠원에게 말하기 자신의 언어로 표현해 보는 활동이다. 이때 들은 것을 친구들에게 말해 주거나 내 생각을 붙여 말하는 활동도 중요하다.

4) 학생이 주도하는 '사회 노트 정리' 학습법

사회과 노트 정리는 복습 기능과 스스로 학습한 내용을 요약할 수 있는 자기 주도적 학습력을 신장시킨다. 학습 내용에 따라, 다양한 방법으로 요약정리(마인드맵, 표, 요점 보고서, 그림 등)를 할 수 있게 한다. 처음에는 훈련이 필요하다. 교사의 구조화된 칠판

정리 내용을 보고 익히다가 스스로 10분 → 5분 정도의 시간을 준다. 박물관 노트(예습 조사 내용, 어려웠던 점, 더 알고 싶은 점, 느낀 점 등 기록-일기체, 수다체, 설명체 등)는 매우 학생들의 노트 정리에 흥미를 더한다. 역사책을 읽고 (읽은 날짜, 책 이름, 지은이, 줄거리 및 소감 등) 기록하는 것도 역사 공부에 도움이 된다.

나. 사회과 수업 교구

사회과는 교사와 학생들이 싫어하는 과목 중의 하나이다. 그 이유는 여러 가지가 있겠지만 무엇보다 자료 없는 40분 수업의 진행이 막막한 과목이기 때문이다. 학생들에게 부과되는 과제의 양도 하나의 이유가 될 수 있을 것이다. 사회과 수업의 원활한 진행을 위해서 미리 단원 전체에 대한 계획과 장기 과제 리스트, 여러 교구나 자료가 필요하다. 교실 환경을 사회과에 적합한 자료의 장으로 조성을 하는 것도 좋은 아이디어이다.

1) 사회과 수업을 위한 환경조성

자료	내용
도서 자료	• 학교 도서실에 있는 도서 중 단원과 관련 있는 도서를 대여하여 일정 기간 동안 학급에 비치
게시 자료	• 시사 자료 게시(학급의 학습부장 및 부원들이 돌아가며 게시하기) • 인물 카드 • 학생 과제 학습 결과물 누적하여 게시
토론 마당	• 학생 생활 주변의 문제를 평소에도 관심을 가질 수 있도록 학급 토론판 마련

2) 사회과 학습자 특성에 따른 효율적인 학습 조직

구분	내용
모둠 조직 구성 원칙	• 학습 목표나 과제의 성격에 따라 학습자들을 4~6인의 이질 집단으로 구성한다.
모둠 구성원	• 이끄미: 모둠을 이끌어가는 리더 역할 • 기록이: 모둠 활동의 결과를 정리 기록하는 역할 • 나누미: 모둠에게 주어지는 자료나 준비물을 챙겨보는 역할 • 칭찬이: 모둠 구성원의 발언이 있을 때마다 공감하고 칭찬해 주는 역할

3) 사회과 수업을 위한 학습 약속

수업 상황	수업 약속
수업 준비	• 수업에 필요한 모둠 학습판, 모둠 필기구, 기록지(포스트잇) 등을 나누미가 점검 • 사회 시간에 필요한 도서 자료 준비
수업 전개	• 모두가 사회 시간의 주인공 되기(수업에 무관심하고 소극적인 방관자적 자세의 학생이 발생하지 않도록 하기) • 사회과 노트 활용하기 • 모둠 활동 시 맡은 역할 점검 및 수행 • 다른 사람의 의견을 경청하기(30cm 대화하기)
수업 정리	• 해결한 학습 내용을 선생님과 함께 정리하기 • 해결한 모둠 과제는 다른 모둠들과 공유할 수 있도록 게시하기

4) 사회과 수업의 토의·토론 학습

토의·토론 학습		
유의점	• 토의할 주제를 명확하게 제시 • 토의 규칙 안내하기 • 까닭이 드러나게 의견 제시하기 • 학생들에게 생각할 시간 충분히 제공하기	
유형	• 원탁 토의 　　　　　• 브레인스토밍 　　　　　• 버즈법 • 공개 토의 　　　　　• 대화식 토의 　　　　　• 피라미드 토의	
기본 훈련	듣기 훈련	• 말하는 사람 바라보기 • 핵심 단어 메모하며 듣기 • 궁금한 점 메모하기
	말하기 훈련	• 청중의 숫자와 관련된 목소리 크기 훈련 • 이어말하기, 말꼬리이어가기, 릴레이 칭찬하기, 인터뷰하기 등
	자료 검색 훈련	• 검색을 통해 수집된 정보들을 내게 필요한 부분만 간추리기, 요약하기, 구조화하기

다. 사회과 대표적 교수학습 모형

학생들의 문제 해결역량을 기를 수 있는 사회과의 대표적인 모형이 문제 해결 학습 모형이다.

단계	주요 활동	과정 설명
문제 사태 파악	문제 상황 제시	학습자의 인지 부조화를 유발하는 사태 제시하기
	문제 공감	문제 상황에 대하여 해결할 필요성 느끼기
문제 확인	문제의 원인에 대한 브레인스토밍	문제 상황이 발생하게 된 이유에 대해 생각해 보기
	문제의 원인에 대한 잠정적 가설 수립	문제의 원인을 해결할 수 있는 잠정적 가설 설정하기
정보 수집	자료 수집	문제의 본질 및 해결책에 대한 정보 수집하기
	자료를 통해 결론 도출	자료를 통해 얻은 결론에 대해 토의하기
대안 제시	문제 해결책에 대한 브레인스토밍	다양한 방안에 대해 자유롭게 의견을 교환하고, 유사한 의견들을 모아 정리하기
	문제 해결책의 평가	평가 기준을 토대로 각각의 해결책을 평가하고 순위 정하기
적용 및 정리	행동 계획 수립	문제 해결책을 실천할 수 있는 계획 세우기
	결과 정리 및 보고	문제의 원인, 문제의 본질 규정, 대안 모색, 행동 계획, 유사 사례의 관계 등을 정리·발표하기

16 도덕과 수업을 위한 TIP

도덕수업은 교수·학습 방법과 실행 과정 그 자체가 도덕적 가치를 실현하는 것이어야 한다. 따라서 교사는 ① 수업과 평가를 일관되게 계획하는 능력 ② 교육 내용을 학생들의 인지, 정서, 행동적 발달 수준에 맞게 재구성하는 역량 ③ 교육 내용에 적합한 수업 모형 적용과 도구를 활용하는 경험 등의 전문성을 갖추어야 한다.

가. 수업과 평가의 일관성

수업은 학생들이 학습 목표를 성취할 수 있도록 학생들의 인지적, 정서적 능력과 학습 환경을 체계적으로 조정하는 과정이다. 학생들이 도덕수업에 주체적으로 참여하고, 수업에서 배운 것을 기꺼이 실천할 수 있도록 하려면 수업과 평가가 일관적으로 이루어져야 한다.

즉 가르치고 배우는 수업 내용과 방법이 평가 내용 및 방법과 일치해야 한다. 이는 도덕과 성취기준과 평기기준 분석을 통하여 구현할 수 있다.

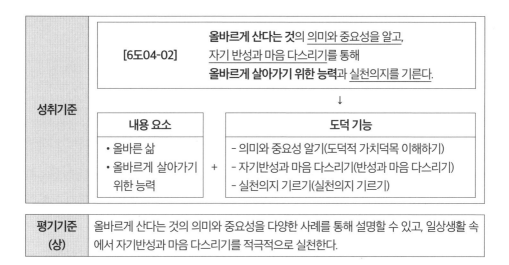

성취기준	**[6도04-02]**	**올바르게 산다는 것**의 <u>의미와 중요성을 알고</u>, 자기 반성과 마음 다스리기를 통해 **올바르게 살아가기 위한 능력**과 <u>실천의지를 기른다</u>.	
		↓	
	내용 요소		**도덕 기능**
	• 올바른 삶 • 올바르게 살아가기 위한 능력	+	- 의미와 중요성 알기(도덕적 가치덕목 이해하기) - 자기반성과 마음 다스리기(반성과 마음 다스리기) - 실천의지 기르기(실천의지 기르기)

평기기준 (상)	올바르게 산다는 것의 의미와 중요성을 다양한 사례를 통해 설명할 수 있고, 일상생활 속에서 자기반성과 마음 다스리기를 적극적으로 실천한다.

성취기준 [6도04-02]의 구조를 분석하면, 수업에서 다루어야 할 내용 요소와 도덕 기능을 확인할 수 있다. 이는 평가기준에서 보다 명료화된다. 예를 들어, 올바른 삶의 의미와 중요성을 안다는 것은 다양한 사례를 통해 설명할 수 있어야 성취기준의 상 수준에 도달한 것이므로, 이를 근거로 수업과 평가의 일관성을 추구할 수 있다. 성취기준과 평가기준은 국가교육과정정보센터(http://ncic.re.kr)에서 내려받을 수 있다.

나. 콜버그의 도덕성 발달 단계와 교사의 역할

콜버그의 도덕교육은 강요나 교화에 의해 도덕규범을 전수하는 것이 아니라 학생들이 스스로 자신의 철학을 가지고 여러 가지 가치들을 재구성하여 발달하는 것이다. 학생들의 도덕성 발달 단계를 한 단계 이상 발달시키기 위해서는 발달을 자극할 수 있는 교사의 역할이 매우 중요하다.

단계		명칭
전인습 수준	제1단계	벌과 복종의 단계
	제2단계	순진한 이기주의 단계
인습 수준	제3단계	착한 소년·소녀 단계
	제4단계	권위와 사회 질서 유지의 단계
후인습 수준	제5단계	계약적 법률 존중의 단계
	제6단계	양심 또는 원리의 단계

콜버그에 의하면 10%만이 제5·6단계에 도달하여 있다고 하였다. 과연 나의 도덕성은 몇 단계일까? 극단적일 수 있겠지만 확률상 한 교실에서 낮은 수준의 교사가 자신보다 높은 수준의 학생에게 도덕교육을 할 수도 있다. 이런 경우 학생들을 어떻게 이해하고 도울 수 있겠는가?

또 이미 3·4단계에 도달한 학생에게 1·2단계의 방식을 적용할 경우 그들의 도덕성 발달을 기대할 수 없다. 혹시 도덕규범을 내면화하기 위해 보상과 벌의 방법을 활용하고자 한다면, 이는 학생들이 스스로 자신의 도덕성을 구성하는데 도움이 되지 않는다는 것을 인식할 필요가 있다.

다. 도덕성 발달을 위한 수업 모형

1) 도덕적 토론 수업 모형

콜버그는 토론이 참가자들에게 인지적 갈등을 일으키게 될 때 도덕 발달이 더 잘 일어난다고 하였다. 도덕발달을 위한 도덕 딜레마 토론 수업 모형은 도덕적 문제에 관한 토론을 통해 도덕 판단력을 증진하는 데 효과적이다.

도덕적 문제 사태의 제시 → 도덕적 토론의 도입 → 도덕적 토론의 심화 → 실천 동기 강화 및 생활에의 확대 적용

라. 온택트 도덕수업

원격수업 상황에서 도덕적 토론 수업을 어떻게 하면 효과적으로 구현할 수 있을까? 이를 위해서는 온라인상에서 제대로 된 연결의 교육을 만들고, 학생 개인의 배움이 전체와 공유될 수 있는 환경을 제공해야 한다.

패들렛(padlet)과 멘티미터(mentimeter)와 같은 애플리케이션은 그러한 환경을 조성하는 데 도움이 된다.

1) 패들렛

패들렛은 칠판(담벼락)에 붙임쪽지를 붙이는 것과 비슷한 방식의 온라인 협업 프로그램이다. 참가자의 회원가입이나 프로그램 설치 같은 과정이 필요 없다는 장점이 있다. 아래는 패들렛으로 찬반 토론을 진행한 것이다.

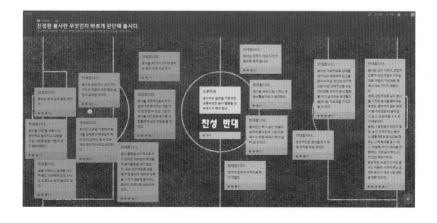

2) 멘티미터

멘티미터는 퀴즈, 설문, 평가 등에 유용하게 사용할 수 있는 프로그램이다. 패들렛과 마찬가지로 참가자의 회원가입이나 프로그램 설치가 필요 없다.

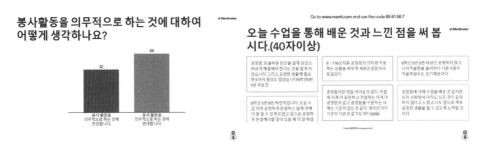

17 수학과 수업을 위한 TIP

수학은 오랜 역사를 통해 인류 문명 발전의 원동력이 되어 왔으며, 세계화·정보화가 가속되는 미래 사회의 구성원에게 필수적인 역량을 제공하는 교과이다. 따라서 학생들이 흥미와 관심을 갖고 적극적으로 참여하여 답구하기식의 문제풀기가 아닌 수학적 사고력과 역량을 키워 나갈 수 있는 본질적인 수학교육이 이루어져야 한다.

가. 구체적 조작 활동에 기초한 학습

초등학생들에게는 구체적인 조작활동을 토대로 수학적 개념, 원리를 지도해야 한다. 이는 피아제(Piaget)의 이론에 근거한 것이다. 초등학교 학생들은 판단력이나 논리적인 추론 능력이 아직 충분하게 발달되지 않은 것으로 보고, 어떤 구체적인 모양을 만들거나 물체를 조작하거나 기계적인 도구를 작동해 보는 활동을 통해서 수학을 지도해야 한다.

> ◎ **Tips 들이 개념 지도**
>
> □ 모양이 다른 두 그릇의 들이 비교하기
>
> "어느 그릇에 더 많은 양의 물이 들어갈까?"라는 동기유발의 질문을 하고 충분한 논의를 한 후 어느 한 그릇에 담긴 물을 다른 그릇에 직접 부어 두 그릇에 담긴 물의 양을 직접 비교함으로써 용기의 내부공간의 부피가 들이임을 이해하도록 해야 함
>
> * 학생들은 종종 모양이 다른 그릇임에도 들이보다는 외부적인 특성인 그릇의 높이에 주목하기 때문에 직접 조작 활동을 하는 것이 들이 개념 이해에 중요한 역할을 함

나. 비형식적인 정의에서 출발하는 수업

형식적인 정의가 아니라 비형식적인 정의를 토대로 지도하는 것이 필요하다. 비고츠키(Vygotaky)의 연구에 의하면 초등학교 학생들은 중고등학교 학생들과 달리 형식적인 정의를 이해하기 어려워하며 그것 때문에 수학적인 개념과 성질에 대한 추상적인 학습이 전혀 불가능하다. 그러므로 수학적 정의가 아니라 학생들이 이미 가지고 있는 관념에 기초한 비형식적인 정의로 어떤 것이 가능한지 미리 파악하고 그것을 토대로 수학적인 개념, 성질을 끌어낼 수 있도록 해야 한다.

□ '원'의 정의 알기

'한 점에서 일정한 거리에 있는 점의 집합' 으로 정의하기보다는 '원 모양의 물체에 공통으로 들어있는 모양, 둥근 물체를 본떠 그려서 얻게 되는 결과, 중심과 반지름을 구성요소로 가지는 도형'과 같이 비형식적으로 정의하게 됨

* 주변의 사물을 둘러보고, 둥근 물체를 본떠 그려 보고, 구성 요소를 찾아보는 등 비형식적인 논의를 하면서 원에 대한 직관적인 이해를 시도한 후에 수학적인 의미를 구축함

다. 학습자의 현실 상황 반영

학생의 주변에서 학생이 이해할 수 있는 상황에서 개념 또는 문제를 찾아 학습하도록 해야 한다. 학생들은 각자의 경험에 따라 현상을 바라보게 되며 또한 그것을 바탕으로 새로운 것을 받아들이고 조직하기 때문이다. 따라서 학생들의 현실 상황을 수학적 수단으로 반영하는 것이 학습의 효과를 높이는 길이다.

□ '분수' 개념 지도

학생들이 생활 속에서 똑같이 나누어 본 경험을 생각하도록 하여 분수 개념을 도입할 수 있음. 사과, 떡, 초콜릿 등과 같은 사물을 똑같은 부분으로 나눈 후 전체와 비교하여 각 부분의 크기를 표현하는 상황에 대해 의사소통하게 하거나 직접 활동을 해 보게 할 수 있음

* 학생들이 문제 상황을 쉽게 이해할 수 있기 때문에 적극적으로 의사소통이나 활동에 참여함으로써 스스로 분수 개념을 이해하게 됨

라. 개념 분석에 기초한 지도

아동 심리에 근거한 초등 수학 개념 분석 결과가 지도에 반영되어야 한다. 스켐프 (Skemp)에 따르면, 초등 수학을 명확하고 깊이 있게 이해하는 사람은 아주 드물다. 결국 많은 교사들이 초등 수학의 정확한 의미와 배경을 모르면서 가르치는데, 초등이란

단어는 단순하다는 것을 의미하지 않는다. 오히려 초등 수학은 매우 복잡하고 미묘한 개념이기 때문에, 복합적이고 입체적인 분석을 해야 본래의 의미와 배경을 살릴 수 있다고 한다.

마. 직관적 사고 수준 고려

학생의 직관적 사고 수준을 고려하여 지도해야 한다. 학생이 수학 문제를 풀고도 직관적으로 공감하지 못하는 경우가 많다. 단지 수학적인 지식만을 전수하는 것이 아니라 학생들이 가지고 있는 직관적 사고 수준을 파악하고, 오개념 등 직관에 의해 발생하는 문제점을 극복하도록 지도해야 한다.

바. 다양한 표현의 활용

초등학교에서는 시각적, 운동적, 언어적 표현 등 다양한 표현을 이용하여 수학을 지도해야 한다. 학생은 자신의 수학적 생각과 절차를 물건, 손가락, 언어, 그림, 도표 등 여러 가지 외형적인 표현을 사용하여 표현하며, 이러한 표현이 수학 학습에서 매우 중요하다. 다양한 표현 방법을 허용하면서 학생들에게 야기될 가능성이 있는 혼란이나 갈등 상황도 예측하여 대비하여야 한다.

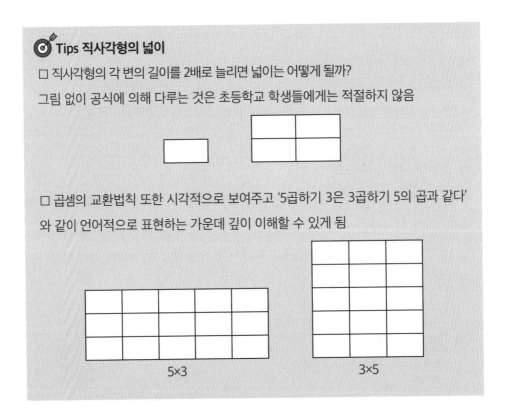

Tips 직사각형의 넓이

□ 직사각형의 각 변의 길이를 2배로 늘리면 넓이는 어떻게 될까?
그림 없이 공식에 의해 다루는 것은 초등학교 학생들에게는 적절하지 않음

□ 곱셈의 교환법칙 또한 시각적으로 보여주고 '5곱하기 3은 3곱하기 5의 곱과 같다'와 같이 언어적으로 표현하는 가운데 깊이 이해할 수 있게 됨

5×3   3×5

사. 관찰, 귀납, 추측, 유추 등 추론 강조

관찰, 귀납, 추측, 유추 등의 추론을 통하여 수학적 원리를 발견하도록 해야 한다. 수학 수업을 통해 학생들에게 수학적 사고력을 발전시킬 수 있는 기회를 주어야 하며, 그러려면 연역적 사고보다는 귀납적 사고를, 직접적인 개념 제시보다는 관찰과 추측에 의

한 발견을, 독립적이고 추상적인 사고보다는 관련된 대상에 대한 유추를 통해 수학을 배우도록 하는 것이 매우 중요하다. 초등학생들에게 이러한 추론의 기회를 제공하기 위해 교사는 과제의 구조, 수준, 표현 등의 문제를 끊임없이 고민해야 한다.

아. 학생의 흥미를 고려한 수업

다양한 교구활용과 놀이, 게임 등 학생의 흥미와 참여를 고려한 수업이 이루어 져야 한다. 디에네스(Dienes)는 수학 학습과 지도를 위한 여섯 가지 단계를 ① 자유 놀이 단계, ② 게임의 단계, ③ 공통점 탐색의 단계, ④ 표현의 단계, ⑤ 상징화의 단계, ⑥ 형식화의 단계로 제시하였다. 여기서 첫째와 둘째 단계가 학생으로 하여금 구조화되어 있지 않은 조작이나 실험을 통한 놀이, 주어진 개념을 여러 가지 방법으로 표현하는 다양한 게임을 강조한 것이다. 자유로운 놀이와 다양한 게임은 아동의 내재적인 흥미를 유발하는 데 필수적이며, 이후에 수학적인 개념과 원리를 도출하는 데 토대가 된다는 것이다.

🎯 **Tips '삼각형' 지도**

삼각형과 삼각형이 아닌 도형들을 구체물로 제시하고 자유롭게 모아 모양을 만들거나 분류해 보도록 함

같은 종류의 도형을 찾는 게임을 하여 성질을 직관적으로 알게 함

도형들이 공통으로 가지고 있는 성질을 생각해 보도록 함

그 성질을 언어적으로 표현하여 삼각형 개념을 지도함

* 학년이 높아지면서 점차 꼭짓점과 면, 삼각형을 기호로 표현하고 임의의 삼각형과 특수한 삼각형의 성질을 형식화하여 다룸

자. 토론 학습을 활용한 수학 수업

토론 학습을 활용한 수학 수업으로 논리적인 사고력 및 의사소통 능력을 키워 사고 활동의 생활화할 수 있도록 해야 한다. 수학 관련 토의 주제 선정은 다양한 사고를 유발할 수 있는 주제중심으로 구성하여 브레인스토밍 할 수 있도록 한다.

토의 주제(예시)	주된 수학적 사고
0이라는 숫자가 없다면 어떤 일이 일어날 수 있을까요? 물론 정답은 없습니다. 여러분의 다양한 의견을 바랍니다.	조작적 사고
직선은 자로 재어서 측정하면 됩니다. 그러나 곡선은 길이를 측정하기가 매우 불편합니다. 측정할 수 있는 방법을 토의하여 봅시다.	유추적 사고
수학 시간에 컴퍼스로 원을 그릴 때 컴퍼스를 360도 회전시키기가 불편하지 않았습니까? 360도를 회전시키지 않아도 원을 그릴 수 있는 방법은 없을까요?	추상적 사고
원의 공식을 유도하는 과정을 보면 원의 중점 O을 중심으로 원을 부채꼴 모양으로 잘게 잘라 그 조각을 맞추어 직사각형을 만드는 것을 보았을 겁니다. 부채꼴 모양의 작은 조각들을 아무리 작게 자른다고 그것이 모이면 직사각형이 될 수 있을까요?	추상적 사고
미국의 일요일과 우리나라의 일요일은 날짜가 다릅니다. 표준 시간이 달라서 그렇습니다. 이는 나라마다 조금씩 달라서 해외여행을 하면 시간 맞추기가 여간 까다롭지 않습니다. 이를 해결할 수 있는 방법은 없을까요?	발전적 사고

차. 효과적인 발문으로 수학적 사고를 촉진하는 학습

발문의 가장 큰 교육적 의의는 수업 방향의 안내와 학습자의 사고를 촉진하는 데 있다. 학생들의 사고를 유발하는 열린 발문은 수학 학습을 촉진한다.

단계	발문 및 권고(문제 해결 학습의 경우의 예시)

도입	• 문제를 이해하도록 해야 한다.
	  - 알고자 하는 것이 무엇인가요? 조건은 무엇인가요?
	  - 이 문제에서 가장 중요한 요소는 무엇이라고 생각하나요?
	  - 문제에 포함된 요소들은 무엇인가요?
	  - 주어진 조건과 구하여야 할 것은 무엇인가요?

전개	• 문제의 정보에 대해 생각하고 정보 처리 능력 및 그 문제를 해결하기 위한 적절한 전략을 선택하는 능력을 기르도록 해야 한다. - 그것이 문제 해결에 필요하다는 것을 어떻게 알았나요? - 문제를 풀기 위해 어떤 전략을 썼나요? - 답을 구하기 위해 곱할 것인지 더할 것인지 어떻게 결정했나요? - 비슷한 문제를 푼 경험을 살려 그 방법이나 결과를 이용할 수는 없나요? - 주어진 조건을 모두 사용하였나요?
정리	• 문제의 해결 방법을 스스로 정리할 수 있도록 해야 한다. - 이 답이 문제에서 묻고 있는 답이라고 확신하나요? 왜 그렇게 생각하나요? - 자신의 풀이를 설명할 수 있나요? - 이 문제를 풀면서 어떤 느낌이 들었나요? - 결과를 다른 방법으로 구할 수는 없나요? - 다른 문제에 이 결과나 방법을 적용할 수 있나요?

18 과학과 수업을 위한 TIP

교사들은 좋은 수업에 대해서 항상 고민하고 있다. 좋은 수업이란 어떤 수업일까? 독일의 교육학자 힐베르트 마이어(Hilbert Meyer)는 '좋은 수업의 특징'을 제시한다.

① 수업의 명료한 구조화, ② 학습에 몰두하는 높은 비율, ③ 학습 촉진적인 분위기, ④ 의사소통 등이 그것이다.

가. 과학과 수업의 바탕이 되는 이론

Piaget는 지적발달이 새로운 환경(자극)에 대한 순응(順應)으로 동화(同化, assimilation)와 조절(調節, accomodation)이라는 두 가지의 보충적 과정을 통해서 이루어진다고 했다. (피아제의 인지발달 이론)

Vygotsky는 근접발달이론에서 인지능력은 새로운 발판(비계작업)으로 적절히 지도하고 가르치면 학생 스스로 새로운 인지구조가 발달하게 된다고 했다.

Köhler의 통찰이론(아하이론)에서는 학생들은 전체적 상황을 순간적으로 파악하여

'아하' 하며 이해하고 인지하게 된다.

→ 과학수업에서는 학생의 인지를 자극하는 적절한 실험이 필요

나. 나만의 과학 수업 패턴이 있으면 좋아요

교사가 과학수업을 하는 나만의 패턴이 있으면 학생들이 쉽게 실험수행이나 개념화에 도달하게 된다.

1) 거꾸로 과학 수업

교사가 미리 올려놓은 사전 동영상을 학생들이 미리 보고 수업에 참여하며 수업에서는 실험과 나눔, 질문하기, 친구에게 설명하기 위주로 수업이 진행된다.

🎯 **Tips 거꾸로 학습의 방법들**

사전 동영상의 제작, 거꾸로 수업 팁등은 아래 대표 교육 사이트와 책을 참고

□ 거꾸로 학습법 대표 교육 사이트
미래교실네트워크(http://www.futureclass.net)

2) KWeL 과학수업(나만의 패턴 수업)

KWeL 차트 활용 과학수업에서는 **K차트(Knowledge, 사전지식)**에서는 오늘 실험수업에 대한 학생의 사전지식을 정리하고, **w차트(wonder 궁금한 점)**에서는 오늘 실험에 대한 궁금한 점을 적고, **e차트(experiment 실험)**에서는 실험 1, 실험 2를 수행한 그림과 결과를 진술하며, **L차트(learned 알게 된 점)**에서는 알게 된 점을 서로 설명하기를 진행한다.

3) 과학 공책이나 과학노트(실험보고서)의 이용

요즘은 실험 관찰이 제공되기에 이를 통해 과학 실험 결과나 개념 정리를 적고 수업을 진행하기도 한다. 장단점이 있지만 실험관찰을 이용하면 왠지 정답을 정리하면 수업이 마쳐지는 흐름이 되고 만다. 과학공책이나 실험보고서를 이용하여 실험결과나 알게 된 점을 정리하는 과학자로서의 수업을 추천한다.

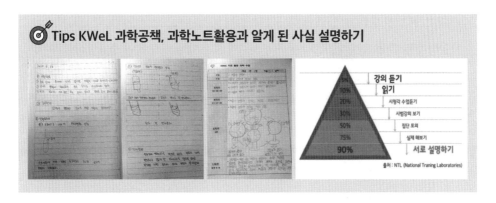

🎯 **Tips KWeL 과학공책, 과학노트활용과 알게 된 사실 설명하기**

출처 : NTL (National Traning Laboratories)

다. 대표적인 과학교과 수업 모형으로 수업해요

1) 발견학습 모형

초등학교 과학과 실험수업에서 사실 가설검증 모형은 쉽지 않다. 대표적인 발견학습 모형을 충분히 고민하고 익혀서 자신의 실험수업에 패턴으로 적용하는 것도 추천한다.

> 탐색 및 문제파악 → 자료제시 및 탐색 → 추가자료 제시 및 탐색 → 규칙성 발견 및 개념 정리 → 적용 및 응용

실험 1에서 충분히 흥미와 궁금함을 유발하여 자유 탐색실험을 진행하고 실험 2에서는 교사의 의도적인 추가 자료제시에 따른 실험탐색을 한다. 이에 학생들은 '아하' 하면서 통찰과 개념화가 쉽게 이루어진다.

라. 혁신 과학과 수업방법 예시(PBL(문제중심학습) 과학수업)

1) PBL(Problem Based Learning, 문제기반학습)

제시된 문제를 이해하고 해결하는 과정에서 문제 해결 능력, 비판적 사고력, 필요 지

식을 습득하도록 촉진하는 학습법

2) 수업에 적용하기(예)

가) 5학년 1학기 [온도와 열]

사람들이 많이 들고 다니는 보온병은 무엇보다 보온이 잘되는 것이 중요합니다. 여러분은 보온병 제작 회사의 직원으로서 올겨울 판매할 신제품을 제작해야 합니다. 재료와 방법은 모두 자유롭게 하되, 제품과 함께 「상품설명서」와 「품질보증서」를 함께 만들어야 합니다. 제품의 품질보증은 **'시간에 따른 온도의 변화'**로 하며 품질보증서에 반드시 나타나 있어야 합니다. 제작한 보온병의 판매가격은 스스로 책정합니다(선생님이 보고 마음에 드는 보온병은 돈을 주고 살 것임. 흥정 가능).

tip, 좋은 상품의 조건은 첫째, 열의 이동을 잘 차단해야 하고, 둘째는 디자인, 셋째로 실용성!

나) 5학년 2학기 [날씨와 우리생활]

기상 캐스터는 날씨를 알려 주는 직업입니다. 날씨를 알려 줄 때는 **여러 가지 날씨 요소들**을 이용합니다.
여러분들은 방송국의 날씨 보도국에 속한 직원들입니다. 내일(10월 30일, 금요일)의 날씨 예보 원고를 완성해서 오늘 저녁 뉴스에서 보도해야 합니다. **(모둠별로 태블릿 PC 이용)**

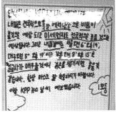

19 음악과 수업을 위한 TIP

음악 수업이 어려운 여러 가지 요인을 해결하는 방법과 음악 수업 사례를 살펴보자

가. 음악 수업이 어려운 3가지 이유

1) 교사 요인

⇒ 저는 음악을 잘 못해서, 기능이 떨어져서 아이들 가르치는 것이 힘들어요.

교사가 갖추어야 할 가장 중요한 음악적 능력은 바로 모니터할 수 있는 능력이다. 학생들이 노래나 연주를 할 때 어떤 부분을 보완해야 하는지 정확히 판단하여 아이들에게 피드백해 주면 된다. 음악을 가르치는 모든 교사가 연주자가 될 수는 없다. 좋은 음악을 많이 들으면서 어떤 것이 좋은 음악인지, 어떤 것이 틀린 것인지 알아 낼 수 있도록 듣는 능력을 길러 보자.

2) 학생 요인

⇒ 아이들이 흥미도 없고, 이론을 너무 몰라서 가르치기가 힘들어요.

음악 교과는 수학, 영어보다 학생 개별 수준 차이가 가장 많이 나는 교과일 수도 있다. 따라서 음악 이론보다 음악과 관련된 재미있고, 쉬운 활동으로 흥미가 없는 학생들에게는 흥미와 자신감을 높여주고, 음악을 좋아하는 아이들에게는 자신의 재능을 뽐낼 수 있는 기회를 주자. 악보도 읽지 못하는 음악 이론에 무지한 음악 천재들이 의외로 많이 있다.

3) 교육과정 내용과 수준

⇒ 교과서에 나와 있는 곡이 어렵고, 가르쳐야 할 양이 너무 많아요.

음악 교과서는 교육과정을 가르치기 위한 하나의 교재일 뿐이다. 자료는 인터넷에 많이 있으니 어렵거나 재미없는 곡과 활동은 다른 것으로 대체하자. 또한, 교과서에 나와 있는 모든 곡, 활동, 요소를 다 다룰 필요가 없다. 성취기준에 나와 있는 내용을 가르치고 중복되는 요소는 간단히 확인하고 설명하는 것으로 족하다.

Tips

음악 이론은 거꾸로 수업으로 활동은 교실에서 음악 이론 관련 유튜브 채널 **"이락"**

☐ https://www.youtube.com/c/erak2

나. 효과적인 음악 수업 사례

1) PMI기법으로 음악 감상하기

- 음악을 듣고 장점과 단점을 생각하여 학습지에 적어 보기

- 흥미로운 점 찾아 적기

- 어떤 곡이 좋은지 선택하고 이유를 이야기해 보기

예) 사랑의 마음을 표현하는 여러 음악을 감상하고 PMI기법으로 분석하여 봅시다.

곡명	슈베르트의 〈세레나데〉	영준의 〈꽃보다 그대가〉	스탠딩에그의 〈레몬파이〉
좋은 점			
아쉬운 점			
흥미 있는 점			

2) 마음의 문을 여는 수업 방법

- 수업의 시작: 교사가 수업을 시작하는 신호로 "즐거운"을 외치면 학생들은 즐겁고 신나는 동작과 함께 "음악시간"이라고 외친다. 박수, 동작, 웃음과 함께 즐거운 분위기를 조성한 후 수업을 시작한다.

- 지속적인 반복: 음악요소와 개념을 제대로 지도하기 위해 학기가 시작되는 첫 시간에 코다이 기호를 활용한다. 충분히 연습을 통해 따라 해서 익숙해지면 리듬감이나 시창 능력이 신장 된다.

- 박자 익히기 놀이: "아이 엠 그라운드" 박자형식에 맞추면 4/4박자의 리듬을 신나게 따라오는 학생들을 보게 된다. 또 손뼉 치기 이외에도 다른 신체 부위와 악기를 이용하면 좀 더 흥겨운 분위기를 조성할 수 있다.

- 수업정리: 짝과 배운 내용에 대해 대화를 하거나 차시 목표에 대해 자기평가, 상호평가, 모둠평가 등을 노트에 기록하여 다음 수업을 위한 피드백 자료로 사용하기도 한다. 그리고 인사를 나눌 때 당해 차시의 가장 중요한 키워드로 군인처럼 인사를 하여 화기애애한 분위기로 마치는 것은 물론 배운 내용을 다시 생각하는 시간이 되도록 한다.

- 하브루타 질문 만들기: 수업의 주도권을 학생들에게 돌려주기 위해 교사는 수업을 진행하고 학생들이 생각하고 해결할 수 있도록 믿고 기다려 주어야 한다. 질문 만들기를 활용한 감상 수업을 위해서는 질문을 만드는 훈련이 필요하지만 육하원칙에 근거하여 마지막 조사를 "까?"로 끝나게 하면 대부분의 학생들은 잘 따라온다.

질문 만들기를 활용한 음악수업하기
- 음악을 들려주고 궁금한 점에 대해 질문 만들기를 한다.(2-3가지)
- 짝과 함께 질문 놀이를 하면서 충분히 토론한다.
- 가장 창의적인 질문을 선택하여 전체 토론을 한다.
- 전체 질문이 끝난 후 자기의 생각이나 느낌을 적는다.

- 짝에게 자신의 생각이나 느낌을 말해 준다.
- 전체적으로 교사가 정리하고 마무리한다.

3) 4차 산업 혁명시대 스마트한 음악수업

소프트웨어 활용 악기와 스마트 앱을 활용 악기의 협업을 통한 자기 주도적 음악활동을 능동적으로 할 수 있게 하고 고가의 악기들을 대처할 수 있는 앱을 활용해서 손쉽게 연주함으로써 소리의 미적 경험도 누릴 수 있다. 아울러 다양한 음악활동을 통하여 음악 분야의 전문 지식과 소양을 토대로 새롭고 독창적인 아이디어를 창출해 내고, 자신이 학습하거나 경험한 음악 정보들을 다양한 현상에 융합적으로 활용할 수 있는 '음악적 창의·융합 사고 역량'과 악기를 활용하여 자신의 생각과 느낌을 음악적으로 표현하고, 타인의 음악적 표현을 이해하고 공감하여 효율적으로 소통하고 조정할 수 있는 '음악적 소통 역량'을 기를 수 있을 것이다.

앱 이름	앱	용도
모든 악기		모든 현악기(기타, 바이올린, 만돌린, 밴조, 베이스 기타), 목관악기(플루트, 클라리넷, 오보에, 하모니카, 트럼펫, 트롬본), 타악기(드럼, 피아노) 연주 앱
가상 바이올린		가상 바이올린 응용 프로그램과 실제 바이올린 악기를 연주할 수 있는 앱
가상 오카리나		가상 오카리나 응용 프로그램과 실제 오카리나 악기 음을 연주할 수 있는 앱
가상 플루트		가상 팬 플루트 응용 프로그램과 실제 팬 플루트 악기 음을 연주할 수 있는 앱
My piano		'My piano' 앱은 안드로이드 휴대폰 및 테블릿용으로 만들어진 지능형 피아노 앱
어린이 실로폰		'어린이 실로폰' 앱은 부모와 아이들을 위한 실로폰 앱

리코더		리코더와 피아노 건반과 매칭시켜 재생하는 방법으로 리코더의 운지를 익히고 소리를 재생시키는 앱

4) 국악의 창의적 표현 요소 장단 학습의 실제

⇒ 장단 지도 단계

① 1단계: 말장단(구음)으로 장단의 구조 파악하기

② 2단계: 박 세기로 박의 수와 빠르기 익히기

③ 3단계: 손장단으로 노래하며 장단 느낌 알기

④ 4단계: 장단에 맞춰 걷고 몸으로 표현하기

⑤ 5단계: 장구(소고) 장단 치며 노래 부르기

⇒ 좀 더 재미있는 장단 치기

가) 엉덩이를 씰룩씰룩

방법은 양손(덩)은 무릎을 아래위로 굴신하며 양손을 엉덩이 옆 재봉선에 갖다 붙이고, 왼손(쿵) 할 때는 왼쪽으로 엉덩이를 내밀며 왼쪽 엉덩이를 때리고 오른손(덕) 할 땐 오른쪽으로 엉덩이를 내밀며 왼쪽 엉덩이를 때리고 빼닥거린다. 이때 양손은 '양'이라 하고 오른손은 '오', 왼손은 '왼'이라고 짧게 말한다.

• 세마치장단:

구음 장단	덩			덩		덕	쿵	덕	
엉덩이 장단	양			양		오	왼	오	

• 자진모리장단:

구음 장단	덩		덩		덩	덕	쿵	덕	덩	덕	쿵	덕	쿵		덕	쿵	덕
엉덩이 장단	양		양		양	오	왼	오	양	오	왼	오	왼		오	왼	오

나) 짝과 함께 덩 덕쿵 덕

자진모리장단(덩 덩 덩덕 쿵 덕)일 경우 짝과 함께 쳐 본다.

두 사람씩 짝지기: **'덩'** 자기 손바닥을 모아치기, **'덕'에는** 상대방의 손바닥을 세게 친 후 **'쿵'에 떼었다가(치지 않음) '덕'에** 다시 한번 상대방의 손바닥을 살짝 쳐 준다.

다) 온몸으로 덩덕쿵덕

몸 장단의 또 다른 방법은 〈덩〉에는 **동작을 일으키고** 〈쿵〉에는 **머물며**, 〈기덕〉에는 **인상적인 강한 몸짓으로 주의를 끌게 하고** 〈더러러러〉에서는 그 몸짓을 허물어 버리듯이, 또는 지우듯이 표현한다.

20 미술과 수업을 위한 TIP

똑같이 그리는 것이 과연 좋은 그림인가?

초등학교 저학년 아이들에게 미술 활동은 다른 교과보다 인기가 높다. 자신이 상상한 대로 마음껏 그리고, 만드는 데 대한 부담이 없는 덕분이다. 그러나 3학년 이후 아이들은 사물을 사실적으로 인식하면서 사물의 형태를 있는 그대로 똑같이 그리지 못하는 데서 자신감을 잃기 쉽다. 똑같은 것보다 독창적인 표현이 더욱 값진 시대, 창의력이 돋보이는 미술 수업을 위한 교사 활동 팁을 소개한다.

가. 행복한 미술수업이 되려면

1) 미술수업에도 준비운동이 있다

체육수업의 시작은 준비운동이듯이 창의적인 표현이나 창작활동을 하기 전에도 눈에 보이지 않는 준비운동이 있다. 이것이 바로 '선긋기와 손풀기'이다. 주제를 정하지 않은 상태에서 선을 긋는 활동으로 워밍업을 하고 본수업을 시작하면 훨씬 주제접근을 쉽게 할 수 있다. 선긋기와 손풀기 준비운동은 시각, 청각, 운동감각 등 모든 잠든 감각을 사용해 잠들어 있는 뇌를 깨우고 집중력 향상에도 효과적이다.

2) 교사가 바쁜 미술수업, 그림에 이야기를 담아라

미술수업 시간은 미뤄둔 잡무처리 시간이 아니다. 아이들의 작품을 하나하나 들여다보며 아이에게 질문을 던진다. 미처 시작을 못 하고 있는 학생에게는 무엇을 표현하고 싶은지를 묻는다. 아이들의 이야기를 끌어내기 위한 과정이다. 설령 작품을 완성하지 못했다고 해도 아이가 그리고 싶었던 마음속 '심상'이 작품에 담겼다면 그것만으로도 충분하다. 미술 활동에서 중요한 것은 글로 표현하기 어려워하는 아이들이 자신의 이야기를 눈에 보이는 형상으로 자유롭고 편하게 표현해 볼 수 있도록 유도하는 것이기 때문이다.

3) 도구 사용법부터 알려주어라

미술수업 시간에 반드시 선행되어야 할 것은 도구 사용법이다. 미술도구를 다양하게 경험하며 아이들이 상황에 따라 도구를 적절히 골라 정확히 사용할 수 있도록 돕는 게 중요하다. 초등 저학년은 크레파스, 고학년은 물감을 쓰는 것으로 정해진 것처럼 보이지만 이에 얽매일 필요가 없다. 세상에 널려 있는 다양한 미술 소재와 재료를 소개하고 그것을 선택할 수 있도록 도와주어야 한다. 매 수업마다 그렇게 할 수는 없겠지만 자연 감성 미술 수업이라면 얼마든지 가능하다. 그리고 미술 활동은 손 근육이 얼마나 잘 발달했는지도 중요하다. 자신이 원하는 대로 자르고, 붙이고, 떼고, 찢을 수 있도록 도와

주는 기본 재료 활용법을 위한 미술수업이 반드시 필요하다. 더불어 안전교육도 이루어져야 한다.

4) 자신의 작품에 제목을 붙여라

작품을 표현허기 전에 제목을 구상한다면 어떤 이야기와 주제를 작품에 담을지 미리 생각해 볼 수 있고, 작품을 완성한 뒤 제목을 단다면 자신이 표현한 작품 주제를 한 번 더 함축적으로 드러내 볼 수 있기 때문이다. 어떤 제목을 붙이느냐에 따라 작품의 의미가 달라진다. 여기에 날짜까지 함께 적는다면 학생의 성장 과정을 담은 포트폴리오로 활용할 수 있다. 미술 활동의 목표는 결과물과 상관없이 나도 한번 표현해 보고 싶다는 열망을 품게 하는 것이다. 초등 미술 활동의 창의성은 '완성된 작품'이라는 '결과'가 아니라 자신을 맘껏 드러내 보는 '과정'에서 발현된다.

나. 미술수업을 위한 자료창고

🎯 Tips

※ 누리집	※ 책
- 국립현대미술관	- 살아 있는 그림 그리기(보리)
- 제비울미술관	- 시각문화교육 관점에서 쓴 미술교과서(휴머니스트)
- 숲을 보는 아이들	- 클릭, 서양미술사(예경북스)
- 어린이 미술관	- 세계미술용어사전(월간미술)
- 헬로우뮤지움	- 스토리텔링 초등미술교과서(북멘토)
- 씽크씽크 미술관	- 장난기 많은 눈(보림)
- 아트스테이션	- 어린이 미술관(사계절)
- 이부영의 초등교실	- 어린이를 위한 서양미술사 100(이케이북)
- 옥이샘의 교실이야기	- 명화로 배우는 미술의 모든 것(시공주니어)

우리나라는 EFL 환경에서 영어를 가르치고 있다. 주당 2~3시간의 영어를 교과로 배우고 있는 실정을 감안하면 언어 습득의 필수 조건 중의 하나인 자연스러운 언어 학습이 일어나기 어려운 실정에 있다. 교실 밖에서의 영어 활용 기회의 부족, 집중적이지 못한 교수·학습 활동 등 효과적인 영어학습을 저해하는 이러한 환경적 어려움을 극복하고 학생들의 흥미와 학습동기를 유발하는 학생 참여형 영어수업을 디자인하여 영어의 사소통 역량을 비롯한 영어과 교과역량을 효과적으로 기를 수 있는 그림책을 활용한 영어수업의 사례를 살펴보도록 하자.

가. 그림책을 통한 듣기 능력 향상

그림책(big picture books, flap books)에 나오는 등장인물들을 복사하여 손가락 인형으로 제작하여 내용에 등장하는 캐릭터들을 제시하면서 듣기활동을 하거나, 그림책의 어휘 일부분을 포스트잇으로 가리고 반복해서 듣게 한 후 어휘 추측하기, 스토리텔링(storytelling) 후 기억에 남는 문장 찾아보기 활동 등을 활용할 수 있다. 교사가 표정, 몸동작을 하면서 그림책 읽기 활동을 펼친다면 전체 내용을 완전히 파악하지는 못하더라도 자신이 모르는 어휘나 구문 등에 대한 이해도를 높일 수 있으며 흥미도 면에서도 지루해 하지 않고 내용을 파악하면서 듣기 능력을 향상시킬 수 있을 것이다.

예시) 그림책 캐릭터 소리내기 TPR활동을 활용한 듣기 활동

Title	The Very Busy Spider
Cow	"Moo! Moo! said the cow.
Sheep	"Baa! Baa!" bleated the sheep.
Goat	"Maa! Maa!" said the goat.
Pig	"Oint! Oint!" grunted the pig.

Dog	"Woof! Woof!" barked the dog.
Cat	"Meow! Meow!" said the cat.
Duck	"Quak! Quak!" called the duck.
Rooster	"Cock-a-doodle do!" crowed the rooster.
Owl	"Whoo? Whoo?" asked the owl.

나. 그림책을 통한 말하기 능력 향상

그림책을 수업매체로 활용하여 수업을 원활하고 생동감 있게 진행하기 위해서는 단순하고 반복된 리듬으로 구성된 스토리의 그림책을 사용하는 것이 효과적이다. 그림책의 스토리 가운데 반복적인 내용을 발췌하여 챈트, 역할극 등의 요소로 재구성하여 사용하면 흥미와 집중도를 높이면서 자연스럽게 말하기 능력을 향상하는 데 도움을 줄 것이다.

예시) 그림책 캐릭터의 역할을 활용한 말하기 활동

Title	The Very Busy Spider
Cow	"Moo! Moo! said the cow.
Sheep	"Baa! Baa!" bleated the sheep.
Goat	"Maa! Maa!" said the goat.
Pig	"Oint! Oint!" grunted the pig.
Dog	"Woof! Woof!" barked the dog.
Cat	"Meow! Meow!" said the cat.
Duck	"Quak! Quak!" called the duck.
Rooster	"Cock-a-doodle do!" crowed the rooster.
Owl	"Whoo? Whoo?" asked the owl.

※ 듣기활동에서는 교사와 학생 간 TPR로 활용하여 진행하고 말하기 활동에서는 학생별로 좋아하는 캐릭터를 고르게 하여 챈트와 역할극을 말해 보게 한다.

다. 그림책을 통한 읽기 능력 향상

효과적인 읽기 활동을 하기 위해서는 그림책 읽기 전 활동, 읽기 중 활동, 읽기 후 활동으로 나누어 체계적으로 지도하는 것이 필요하다. 읽기 전 활동으로는 그림 보여 주기, 글의 내용 추측하기, 어휘 관련 활동, 글 내용 미리 보여 주기 등이 있으며, 읽기 중 활동은 본격적으로 선정된 그림책을 읽어 나가며 주요 표현을 익히는 과정으로 텍스트를 읽는 방법에 따라 교사가 읽어 주는 방법, 교사가 읽은 후 따라 읽게 하는 방법, 교사와 학생이 교대로 읽는 방법, 학생 스스로 읽는 방법 등 선정된 그림책의 난이도에 따라 알맞게 선택하면 된다. 읽기의 마지막 단계인 읽기 후 활동은 학생들이 그림책을 읽으며 습득한 어휘, 언어표현, 내용, 전반적인 주제 등을 살펴보며 종합하는 활동을 유기적으로 설계하여 실시하면 된다.

예시) 그림책 읽기의 단계별 활동 내용

영어 그림책	읽기 단계		
	읽기 전 단계 (Before Reading)	읽기 중 단계 (During Reading)	읽기 후 단계 (After Reading)
Rosie's Walk	그림과 단어 연결하기	이야기 들으며 단어 추측하기	이야기 기억하며 문장 쓰기
David goes to school	표지 보고 이야기 추측하기	감정단어 알아보기	주인공에게 편지를 쓰고 발표하기
Eric Carle's Opposites	생각 열기	그림을 보며 서로 상반되는 단어 추측하기	이야기 확장하기
My Very First Book of Food	내가 좋아하는 음식 말하기	그림을 보고 음식 이름 영어로 말하기	미니북 만들어 친구에게 소개하기
Willy the Dreamer	표지를 보며 이야기 추측하기	( ) 단어 찾아 넣어보기	나의 꿈 이야기하기

Not a Box	그림을 보며 단어 생각하기	그림에 어울리는 단어 연결하기	생각 확장하기
My Very First Book of Number	숫자 세기	동물과 숫자 연결하기	빈칸 채우기

PART 4

·

긍정적인 학급 분위기로
생활 지도를 하라

Chapter 1.

행복하고 안전한 학급 문화

 포인트 꼭꼭!

☐ 새로운 달 3월, 학급 규칙은 반드시 학생들과 함께 만든다.

☐ 교사는 가르치는 사람이라기보다는 묻는 사람이다.

☐ 교사의 일관성은 학생들이 믿을 수 있다고 생각한다.

☐ 학생들과의 눈맞춤은 마음을 맞추는 지름길이다.

☐ "오늘 기분은 어떠니?" 한마디가 마음을 움직이게 한다.

코로나 19 이후 대면 수업을 하기 시작한 아이들은 신인류가 되어 나타났다. 손을 잡고 팔짱을 끼고 함께 뒹굴던 시간들이 삭제되면서 학급 친구는 우정을 나누는 친구가 아닌 먼 이웃이 되었다. 사심 없이 우연한 스침을 폭력이라고 하고 친구의 농담에 놀림을 받았다며 벌컥 화를 낸다.

학급 공동체의 구성원들이 동료로서 이해하고 배려하는 행복한 삶을 위해 좀 더 세밀한 학급 경영이 필요하게 되었다. 보다 적극적으로 관계맺기를 할 수 있는 학급을 만들 필요가 생겼다.

01 좋은 관계를 맺기 위한 바탕 만들기

아이들의 행복지수가 높은 핀란드의 교육 목표는 '스스로 배울 수 있는 힘을 키워 주는 것'이라고 한다. 행복한 삶을 살아가기에 필요한 역량을 교육한다는 우리나라와 크게 다르지 않다. 그런데 교육을 마친 학생들의 살아 내는 삶의 이야기는 사뭇 다르다고 한다.

핀란드 교육에는 있고 우리에게는 없는 것, 그것은 핀란드에는 놀이를 배우는 선생님의 교육과정이 있다는 사실이다.

몸으로 하는 놀이의 뛰어난 교육 효과에 대해 미국 놀이박물관의 스콧 에버롤은 대부분의 사람들이 놀이를 할 때 예상(기대감), 놀라움(새로움), 쾌감(반전), 이해(습득), 힘(삶의 방식), 그리고 마지막 단계로 균형감(삶에 대한 균형 잡힌 감각)이 길러진다고 한다.

가. 3월, 서로에 대한 이해가 필요한 시간

이름을 부른다는 것은 존재를 인식했다는 의미이다. 상대방의 이름을 친근하게 부를 수 있다는 것은 친밀함이 생겼다는 뜻이기도 하다. 일 년 동안 같은 공간에서 같은 내용을 배우며 같이 밥을 먹는 동료를 깊이 이해하는 활동이 필요하다.

학습 활동보다는 손을 맞잡고 어깨를 부딪치는 교실 놀이를 통해 친숙한 관계 맺기 활동을 해 보는 것이 좋다.

1) 아이엠그라운드 ○○ 소개하기

♣ 준비물: 손뼉 치며 부를 노래 하나, 친구 이름들

♣ 놀이방법

---

① 익숙한 노래에 건강 박수를 연결하여 손뼉 치며 부른다.

② 교사가 자기 이름을 소개하면서 이름의 의미를 설명한다.

예) 김혜정은 김씨 가문에 하늘의 은혜로 태어나 세상을 곧게 하라는 임무를 받은 사람이다.

③ 한두 명의 아이들에게도 자신의 이름을 소개할 시간을 준다.

자신의 이름이 의미하는 바를 아는 아이들이 많지 않다.

④ '아이엠그라운드 자기소개하기'를 4박자에 맞추어 박자치기 하며 앉은 순서대로 자기 이름을 말한다. (일렬로 혹은 지그재그로)

⑤ 첫 만남일 경우에는 이 단계를 두세 번 정도 하면 좋다.

⑥ 두 번째 단계는 친구이름을 **모두 함께** 큰 소리로 불러준다.

자기 이름이 불릴 때 아이들의 표정을 보면 재미있다.

⑦ 세 번째 단계에서 드디어 친구 이름을 이어서 부르기 한다.

⑧ 4박자의 리듬이 어긋나거나 친구 이름을 부르지 못하면 탈락한다.

⑨ 탈락한 친구 이름을 부른 사람도 탈락자가 된다.

⑩ 마지막까지 살아남아 이름이 불리는 친구를 크게 축하해 준다.

※ 끝까지 살아남은 친구는 친구들에게 이름이 불리지 않은 소외된 친구일 가능성이 높으므로 더 격렬히 칭찬해 준다.

♣ 주의할 점

① 이름을 말할 때는 별명을 부르지 않는다.

② 간혹 함구증으로 말을 하지 않는 친구가 있다면 학급 친구 모두가 다함께 이름을 불러주는 것도 좋다.

③ 벌칙의 경우 벌칙으로 인해 부끄러워하지 않도록 모두 함께 의논하여 벌칙을 정한다.

④ 아이들이 자기 이름을 말할 때 반드시 교사는 아이와 눈맞춤을 한다.

2) 빙고! 빙고! 빙고! 게임

♣ 준비물: 글을 쓸 수 있는 모든 종이

♣ 놀이방법:

〈8칸 친구 이름 텔레파시 빙고〉	친구 이름 빙고판
① 이면지를 활용해 세로로 길게 잘라둔다. ② 세로로 3번 접으면 8칸이 생긴다. ③ 신학기에는 텔레파시 게임과 연계하여 교사와 학생 모두 8명의 학급 친구 이름을 쓰게 한 뒤 교사가 부르는 친구 이름으로 빙고를 맞춰 본다. ④ 모둠별로 활동해보게 하는 것도 재미있다. ⑤ 학기 초에는 의도적으로 학생이름 빙고를 학생 모두의 이름을 부를 때까지 해 보는 것을 추천한다. 〈8칸 친구 이름 찢기 빙고〉 ※ 가운데 있는 친구 이름은 찢을 수 없고 맨 위나 맨 아래칸 이름만 찢을 수 있다.	김현명 강아지 민들레 서하늘 박가네 유의미 이기자 방울이

♣ 주의할 점

① 빙고도 게임 반칙을 사용한다는 것을 주의해야 한다.

② 찢기 빙고 시 미리 잘라 놓고 빙고를 했다고 우기는 친구들이 있으므로 주의사항을 잘 인지시켜야 한다.

③ 빙고칸을 빈 공간으로 남겨두고 진행자의 발표를 듣고 적는 반칙도 있다.

④ 점차 빙고놀이의 진행을 학생들에게 맡기는 것도 재미있다.

〈다양한 빙고놀이〉

① 3*3빙고, 4*4빙고, 5*5빙고로 점차 칸을 넓혀 가며 하면 좋다.

② 하루 시작 전 빙고판에 오늘 해야 할 일을 기록하게 한다.

③ 학생들이 기록한 빙고판을 수거하여 교사가 보관한다.

④ 하교 전 빙고판을 나눠주고 오늘 한 일을 빙고 게임으로 진행한다.

⑤ 오늘 할 일을 빙고로 완성한 친구들을 칭찬하고 격려하며 하루를 마무리하도록 한다. (오늘 하고 싶은 좋은 일, 오늘 즐겁게 해 줄 친구 등 조회, 종례를 활용한 인성교육으로 추천한다.)

---

3) 당신은 누구십니까?

♣ 준비물: 꽃이나 인형 등 기분 좋아지는 물건

♣ 놀이방법:

---

① 학급 친구들 모두 둥글게 모여 앉는다.

② 술래를 한 명 정하는데 보통 첫 번째 술래는 교사가 되면 좋다.

③ **"당신으은~ 누구십니까아?"**를 모두 함께 부르는 사이에 술래는 손에 든 꽃을 전해 줄 사람을 찾아 원 안을 돌아다닌다.

④ 꽃을 전해 줄 친구를 찾아 꽃을 내민다.

  술래에게 지목된 사람은 자기 이름을 넣어 대답한다. **"나~는 민들레"**

---

⑤ 모두 함께 이름이 아름답다고 노래해준다. **"그 이름 아름답구나!"**

⑥ 민들레는 일어나서 다음 꽃을 전해줄 사람을 찾아다니고 친구들은 다 함께 "당신은~ 누구십니까아?"를 불러준다.

⑦ "그 이름 아름답구나!"는 학생들 의견에 따라 바꾸면 흥미로워진다.

　　그 이름 씩씩하구나, 그 이름 훌륭하구나, 그 이름~~

♣ 주의할 점

① 노랫말을 충분히 연습한 후 놀이를 시작한다. 고학년의 경우 시시한 이런 놀이를 더 즐거워한다.

② 성으로 편을 가르기도 하는 학생들에게는 남자는 여자에게 여자는 남자에게 전달 되도록 하면 의외로 더 재미있어한다.

③ 이 놀이로 학급 아이들이 뒤섞인 후 앉은 순서대로 모둠을 구성하고 다음 놀이를 이어갈 수 있다.

④ 칭찬의 말을 미리 스케치북이나 화면이 만들어 놓고 칭찬의 말을 바꾸어 주면 놀 이가 더 화려해진다.

꽃을 든 남자

마음을 담아 전달

4) 새와 둥지 놀이

♣ 준비물: 친구들

♣ 놀이방법

① 두 사람이 손을 맞잡고 마주보고 서서 둥지를 만든다.

② 짝이 없는 사람이나 새가 되고 싶은 친구는 새가 될 수 있다.

③ **'새야 날아라'** 외치면 새만 자신의 둥지를 벗어나서 새로운 둥지를 찾아 들어간다. 이 때 둥지는 움직일 수 없다.

④ **'둥지야 날아라'** 외치면 둥지만 돌아다니며 둥지 안에 다른 새를 넣어야 한다. 이 때 새는 움직일 수 없다.

⑤ **'모두 날아라'** 구호는 새와 둥지 모두 자유롭게 움직여 다른 새와 다른 둥지를 찾아갈 수 있다. 단 둥지는 손을 풀 수 없다.

⑥ 짝을 찾지 못한 새나 둥지는 탈락자가 되어 자리로 돌아가 앉는다. 굳이 탈락자를 가리지 않고 놀이를 진행해도 좋다.

⑦ 마지막까지 새와 둥지가 되어 팀을 유지한 사람이 우승팀이 된다.

⑧ 상은 격렬한 환호와 박수이다. 이미 우승의 즐거움을 상으로 받았다.

※ 소리를 내지 않고 새와 둥지를 찾아가도록 하는 '침묵의 새와 둥지'놀이를 하면 고요한 가운데 놀이를 계속할 수 있으므로 놀이를 마무리할 때 하면 좋다.

♣ 주의할 점

① 둥지와 짝의 구성이 처음부터 같은 비율이 아니어도 괜찮다. 놀이가 익숙해지면 아이들은 스스로 적절한 비율을 만들어 간다.

② 둥지 안에 들어오려고 하는 새나 새가 들어가고 싶어 하는 둥지를 거절하는 것은 규칙 위반임을 알려 준다.

③ 새와 둥지 놀이는 학급에서 소외되는 학생을 쉽게 관찰할 수 있어 적절한 규칙을 추가하면 친구들과 놀이로 친해질 수 있다.

④ 새와 둥지를 만들 때 시간이 지체되더라도 스스로 결정할 수 있도록 충분한 시간을 주는 것이 좋다.

나. 평화로운 학급을 위한 교사의 일지

자기주장이 강하고 개성 있는 다수의 학생들과 생활하다 보면 하루도 조용히 넘어가는 날이 없다. 그때그때 발생한 의미 있는 기록들을 남겨 둔다면 그 자료들을 바탕으로 더 나은 교사의 지도력을 발휘하게 될 수도 있다.

하루하루의 기록은 문제 발생 시점을 짚어보는 데 유용한 도움이 되며 모든 것이 객관화된 자료로 남는다. 특히 자신의 교육활동 방법이나 구조 개선을 위해 사용한 전문적 교재를 참고하였다면 더욱 유용한 자료가 되기에 사건의 발생과 경과, 결과를 기록하는 습관을 가지는 것이 좋을 것이다.

〈학생을 관찰한 일기〉	〈토막토막 쓰는 일기〉
2번 권○○ *3월 19일: 칠판 닦는 1인 1역할을 열심히 했다. *5월 10일: 음악 시간이 끝나고 남으라고 했다. 상담실에 가서 이야기를 나누었다. (생략)	2020년 10월 11일 화요일 * ○○ 도우미 ○○○이가 ○○한테 동화책을 읽어 주고 친절하게 글자 공부시킴. ○○이는 또 ○○한테 그림책을 보여 주면서 그림 속 물건들의 이름을 맞추어 보라고 했다. (생략)
〈매일의 수업을 기록한 일기〉	〈학급의 일상을 기록한 일기〉
2020년 6월 10일 화요일 수학시간에 ○○○○ 나누기 ○○○를 했다. 그렇게 활동을 많이 했는데도 아이들은 모른다. 아이들이 너무 모르니까 머리가 아프다. 어떻게 해야 할지……. 도입도 잘했고 자료도 잘 만들었는데 아이들은 모른다. 수학을 못하는 것인가? 아니면 6학년 과정을 학생들이 모두 철저하게 활동으로. (생략)	2020년 9월 18일 수요일 아이들이 신기해졌다. 조금씩 자기를 제어하는 힘이 생긴 것 같다. 자기 분단이 일등을 해서 선물을 받고 싶은 것인지, 칭찬이 좋은 것인지, 어제도 오늘도 즐거운 학교생활을 한다. 어제 성민이가 엄마가 없다는 이야기를 듣고 걱정이 되어서 아침에 성민이와 이야기했는데, 장난이었다. (생략)

02 안전한 배움터가 되려면

학생의 행동을 이해하기 위해서, 또는 학생의 특이한 행동의 내면에 있는 본심을 이해하기 위해서 가장 필요한 것은 교사의 관찰이다. 모든 행동에는 의도가 있다. 특히 교사의 주의를 끄는 아이들의 경우에는 더욱 그러하다.

'아들러와 함께하는 행복한 교실 만들기'에서는 다음의 네 가지 유형에 대해 교사가 어떻게 대처하면 좋을지 설명해 주고 있다.

1) 관심 끌기가 목표인 아이

제재에 대한 아이의 반응	교사의 조치
• 문제 행동을 잠시 멈추는 듯하지만 또다시 시작한다. • 관심 끌기에 성공했다고 생각되면 행동을 멈추기도 한다. • 자신의 문제 행동에 대한 자각을 하게 되면 그 행동을 포기한다.	• 아이에게 그런 행동을 한 이유는 관심 끌기를 위한 행동이었음을 말해 준다. • 때로는 아이가 자신의 행동을 멈출 때까지 기다린다. • 아이에게 얼마나 자주 수업을 방해할 생각인지 묻고 선택하게 한다. • 아이가 자신의 문제 행동을 삼가고 잠잠히 있을 때 고맙다고 말해 준다. • 꾸준히 긍정적 관심을 보여 준다. • 학급 구성원 모두가 발생한 문제에 대해 토의를 하도록 한다.

2) 힘겨루기를 하고 있는 아이

제재에 대한 아이의 반응	교사의 조치
• 선생님의 꾸짖는 행위에 더 화를 내고 더 과장된 행동을 하기도 한다. • 자신이 힘겨루기에서 기선을 잡았다고 생각하고 더 마음대로 행동하기도 한다. • 교사에게 거친 태도를 보여 주며 교사의 무기력을 비웃을 때도 있다.	• 교사는 아이의 힘겨루기에 휘말리지 않도록 냉정을 유지해야 한다. • 아이에게 선생님과 힘겨루기를 하고 있다고 말해 준다. • 수업의 진행을 위해 아이에게 도움이 필요하다고 말하고 설득한다.

	• 학급의 모든 친구들이 동등한 수업권을 가지고 있다는 사실을 설명해 준다. • 교사는 모든 학생에게 공평하게 가르쳐야 한다는 사실을 설명하고 인정하게 해야 한다. • 학급 토의로 소란스러운 상황에 대한 학생들의 생각과 의견을 말하게 한다.

3) 보복하려는 마음을 가진 아이

제재에 대한 아이의 반응	교사의 조치
• 다른 아이에게 받은 상처만큼 보복하거나 징계해 주기를 원한다. • 교사가 편애한다고 생각하여 교사를 원망한다. • 더 위험한 행동을 하겠다고 위협하기도 한다. • 교실을 뛰쳐나간다. • 욕을 하고 집기를 던지기도 한다.	• 아이에게 지금의 행동은 보복하기를 위한 행동을 하고 있다고 말해 준다. • 자신을 좋아하지 않는다고 생각하기 때문에 한 행동들이 사람들을 더 멀어지게 하기도 한다는 사실을 일깨워 준다. • 친구들이 자신을 이해하지 못하는 행동 때문에 지금 느끼는 감정이 당연할 수도 있다고 말해 준다. • 꾸준히 긍정적 관심을 보여 준다. • 학급 구성원 모두가 발생한 문제에 대해 토의를 할 수도 있으나 비난이나 지적질은 하지 않도록 안내해야 한다.

4) 무능함으로 자신을 포장하는 아이

제재에 대한 아이의 반응	교사의 조치
• 아이들이나 교사의 접근이나 행동에 무관심 혹은 무반응으로 대응한다. • 교사의 요구를 부당하다고 말하기도 하고 친구들의 행동을 이르기도 한다. • 점점 더 위축된 자세를 보이기도 한다.	• 아이에게 일부러 아무것도 못 하는 것처럼 행동하고 있다고 말해 준다. • 스스로 옳은 행동을 할 수 없을 것이라고 믿고 있음을 직면하게 한다. 할 수 있다는 자신감을 심어 주려고 노력한다. • 교사를 포함한 학급 구성원 모두가 언제든 도와줄 마음과 사랑하고 있다는 표현을 보여 준다. • 꾸준히 긍정적 관심을 보여 준다. • 학급 구성원 모두가 친구를 도와줄 방법을 토의해도 좋다.

아들러와 함께하는 행복한 교실 만들기, P 90~91

학급 규칙은 교사 주도의 규칙 만들기보다는 학생 주도로 만들어질 때 실천력은 높아진다. 학급 구성원 스스로가 필요에 의해 공동생활에 필요한 규칙을 찾고 만들어 실천함으로써 민주시민 역량이 강화된다.

학교는 하나의 작은 사회이다. 교실생활, 복도생활, 도서관, 급식실, 특별교실 이동 등 교내 생활의 전반적인 활동에 대해 구체적이고 일관성이 있게 제시하여 습관화할 수 있도록 한다.

가. 학급 규칙 정하기

1) 왜?

학급 구성원 스스로 공동생활에 필요한 규칙을 찾아 자주적으로 지켜야 할 규칙을 만들어 실천함으로써 민주시민으로서의 기본 소양을 갖출 수 있다.

2) 방법은?

학급별로 학급 규칙 제정 관련 자료를 참고하여 3월 초 학생들과의 충분한 협의를 통하여 만들어 실천한다. 학교의 규칙이 있다면 이것을 참고하도록 한다.

3) 어떤 내용으로?

실천을 위한 행동 규범을 정하고 정해진 각 규칙에 대한 세부적인 행동 규범을 만든다. 가끔 학생들이 실천하기 어려운 규범이나 벌칙을 만드는 경우가 있으므로 교사도 구성원의 일원으로 참가하는 것이 좋다.

4) 학급 규칙을 만들어 실천하면 좋은 점은?

- 학급에서의 수업 활동을 정상화할 수 있다.

- 학생들이 편안한 마음으로 학급 생활을 할 수 있다.

- 학급 생활을 통해 서로 존중하는 풍토를 조성할 수 있다.

- 민주시민으로서의 기본 자질을 함양할 수 있는 기회를 제공한다.

- 서로 존중하는 생활 습관을 형성할 수 있다.

그러기 위해서는 학기 초, 토의 과정을 통하여 학생들 스스로 규칙을 만들 수 있는 시간을 제공하고 학생들이 약속을 실천하고 익숙해질 때까지 다독이며 기다려 주는 시간이 필요하다. 이렇게 될 때 학생들 스스로 해결하는 힘을 기를 수 있게 되는 것이다.

나. 학급 규칙의 사례

옥효진 선생님의 '돈으로 움직이는 교실이야기'에 나오는 헌법을 기초로 적용해 만든 사례이다.

달콤 상큼 오렌지 마을 헌법(6-5)

제1장 총강

　제1조

　　① '달콤상큼 오렌지 마을'은 민주적인 국가다.

　　② '달콤상큼 오렌지 마을'의 주권은 국민에게 있고, 모든 권력은 국민으로부터 나온다.

　제2조

　　① '달콤상큼 오렌지 마을'의 국민은 2023년 ○○초등학교 6학년 5반 학생들과 담임 선생님으로 한다.

제6장 기본예절

　제32조: 학교의 어른들과의 기본예절

---

① 학교 구성원(선생님, 학생, 어른)에게 반갑게 인사한다.

② 웃어른에게 예의 없는 말투나 비속어를 사용하지 않는다.

제33조: 친구와의 기본예절

① 친구와 사이좋게 지내며 친구가 싫어하는 별명을 부르지 않는다.

② 학교 및 온라인상에서 친구를 따돌리지 않는다. (개별 상담 및 학부모 상담 진행)

③ 단톡방을 만들지 않는다.

④ 문자나 카톡으로 친구에 대해 안 좋은 말을 하지 않는다.

제37조: 점심 쉬는 시간 관련

① 점심시간 1시 45분 전까지는 교실에 들어와 자기 자리 정돈을 한다.

② 점심시간 월, 수, 금 중간뜰, 화, 목은 사용하지 않는 것을 원칙으로 한다.

③ 운동장을 사용할 때에는 운동화 착용을 원칙으로 한다.

제38조: 언어생활

① 비속어, 욕설, 은어, 과도한 인터넷 언어 사용을 하지 않는다.

② 친구의 신체 및 성격의 특징을 갖고 놀리거나 장난치지 않는다.

③ 잘못을 한 친구에게 "너 학급우체통~", "어? 어!" 등의 호들갑을 떨지 않는다.

제39조: 교과 시간 규칙

① 전담 시간에서도 학급 규칙에 맞게 행동한다.

② 전담 선생님께서 정하신 규칙도 추가로 따른다.

③ 전담 시간에서의 잘못은 교실에서의 잘못의 2배로 계산한다.

④ 전담 시간에 교실, 교실에서 전담실로 이동할 때 정해진 복도 통행 규칙을 지켜 이동한다.

⑤ 전담실을 들어가거나 나올 때 선생님께 반드시 인사한다.

제40조: 쓰레기 처리

① 쓰레기는 일반 쓰레기, 재활용 쓰레기로 나누어 버린다.

우리 반이 함께 만든 규칙 서약서

1. 남의 물건에 손대지 않기

2. 잘못이 있을 땐 인정하기

3. 불만이 있을 땐 당사자와 대화하기

4. 폰을 전원을 꺼서 잘 내기

5. 밥 받으면 모든 것 3번 이상 먹기

6. 줄 바로 서기

7. 교실에서 소리 지르지 않기

8. 특별한 경우 외에는 지각하지 않기

9. 비속어, 나쁜 말(욕설) 하지 않기

10. 나쁜 장난 및 행동을 치지 않기 (도촬, 폭력, 부적절한 신체접촉 등)

11. 실내에서 뛰어다니지 않기

12. 숙제를 제때 내기

13. 선생님과 학생 모두 이야기 경청하기

14. 다른 사람에게 피해 주는 행동하지 않기

15. 소외시키지 않고 사이좋게 지내기

16. 수업 시간에 떠들지 않기

17. 비웃거나 놀리지 않기

18. 선생님 말씀 잘 듣기

==

벌점 3점이 쌓였을 때 선생님이 자리 지정하기

벌점 5점이 쌓였을 때 쉬는 시간에 앉아 있기(7일 동안)

벌점 10점이 쌓였을 때 반청소 + 쉬는 시간에 앉아 있기(7일 동안)

반성문+사인 받기

==

상점 3점이 쌓였을 때 간단한 간식 받기

상점 5점이 쌓였을 때 상장 + 상품 받기

상점 10점이 쌓였을 때 자리 선택권 주기

==

나 _____은(는) 함께 만든 6학년 5반 학급 규칙을

준수하고 잘 지킬 것을 서약합니다.

이름 _____ (서명) _____

🎯 Tips 학급 규칙 설정 시 유의점

☐ 만들어진 학급 규칙을 **학생**과 **학부모**에게 알리고 교실에도 게시한다.

☐ 모든 학생과 학급 활동에 학급 규칙을 **일관성** 있게 적용한다.

☐ 교사가 학급 규칙을 지키는 **모범**을 보인다.

☐ 학급 규칙 실천에 대한 확인 **대화모임**을 정기적으로 실시하고 이때 지속적으로 관심을 가지고 실천할 수 있도록 일부 항목을 수정할 수도 있다.

〈참고 문헌〉

돈으로 움직이는 교실 이야기(책밥, 옥효진, 2022)

아들러와 함께하는 행복한 교실 만들기(학지사. 루돌프드라이커스,2013)

한 권으로 끝내는 월간 교실놀이(교육과학사, 김혜정, 2023)

Chapter 2.

학교폭력 예방 활동 및 대응

 **포인트 꼭꼭!**

☐ 긍정적인 관점으로 감사를 실천하는 행복 학급을 만들자

☐ 정의를 행하고 평화를 추구하는 공동체를 세우자.

☐ 학교폭력이 발생하지 않도록 예방 교육에 최선을 다하자.

우리는 사람다운 사람이 되기 위해 학교에서 배우고 실천한다. 아이들은 학교에서 서로 다른 아이들을 만나 다양한 문제를 맞닥뜨리고 해결하는 것을 배운다. 우리 앞의 다양한 문제를 평화롭게 해결하면 좋겠으나 그렇지 않은 경우를 만나게 된다. 특히 학교폭력은 일어나서는 안 될 일이기에 무엇보다 사전 예방 교육이 중요하다. 학교폭력 예방 교육은 평화로운 학급 문화를 만드는 것부터 시작해야 한다.

이러한 노력에도 불구하고 학교폭력이 발생했을 경우 이를 적법하게 처리할 수 있는 능력을 갖추는 것도 중요하다. 해마다 지침이 조금씩 변하는 부분도 있으니 그해의 실무처리 지침이나 안내서를 정독해 보기를 권한다.

04 학교폭력 예방 활동

학교는 학교폭력 예방 교육을 학생, 교직원, 보호자에 학기별로 1회 이상 실시하고 학교폭력 실태조사도 연 2회 이상 실시하도록 학교폭력 예방 및 대책에 관한 법률로 규정되어 있다.

주기적으로 하는 학교폭력 예방 교육뿐 아니라 일상 수업과 학급 경영, 학급 문화 속에서 행복 교육과 회복적 생활교육을 병행하면 학교폭력 예방 교육이 보다 잘 이루어질 것이다.

가. 행복 교육으로 실천하는 예방 활동

선생님이 행복해야 아이들이 행복하다. 아이들이 행복해야 학교가 행복하다. 매일 만나는 교사와 아이들이 배움의 기쁨을 느끼고 평화로운 질서를 유지하며 살아가는 학교생활이야말로 미래의 건강하고 행복한 사회를 만들어 나가는 힘이 되지 않을까?

행복에도 연습이 필요하다. 나 자신으로부터 시작되는 행복과 가족, 친구와 만들어가는 행복을 알고 바람직한 목표를 세우고 성실하게 노력하는 일과 건강을 지키고 긍정적인 일에 몰입하는 연습이 필요하다. 더불어 감사할 줄 아는 마음, 나누는 행복, 자신의 잘 못을 인정하고 사과하는 것을 배우고 연습하는 가운데 더욱 행복해질 수 있을 것이다.

아직 모든 것을 배우는 단계인 초등학생들에게 학교란 사회적인 규칙을 익히고 다른 사람을 배려하는 법을 알게 되는 첫 사회이다. 자기중심적으로 살던 삶에서 자신과 타 인을 함께 존중하는 민주시민으로 첫걸음을 떼게 되는 것이다.

1) 아이들을 긍정적으로 바라보자

아이들은 저마다 좋아하는 것이 다르고 능력도 다르다. 나이가 같아서 한 학년이 되 었지만 신체적, 정신적 능력이 모두 다르다. 아이들이 갖고 있는 각각의 장점을 찾아보 고 칭찬하면서 긍정적인 점은 더욱 성장하고, 부족한 점을 돌봐주며 시간을 갖고 고쳐 나가도록 지도한다.

아이들끼리도 서로의 장점을 찾아보며 칭찬하는 시간을 갖게 하거나 수업 중에도 수 시로 칭찬하고 격려하면서 자신을 긍정적으로 바라보고 친구도 긍정적으로 바라보는 문화를 만든다.

2) 감사를 매일 실천하자

우리는 매일 바쁜 일상 속에 매몰되어 건강하게 학교에 나오는 일이 얼마나 감사하고 기적과 같은 일인지 잊을 때가 있다. 각종 사건 사고 소식을 접하거나 코로나 팬데믹 상 황을 겪으면서 오늘도 건강하게 학교에 오는 것이 얼마나 귀하고 감사한 일인지 안다.

오늘도 결석 없이 학교에 와 준 아이들이 고맙고, 선생님에게 감사의 인사를 하는 아이 들이 고맙고, 점심을 잘 먹고 양치질하는 아이들이 고맙다. 발표할 때에 손을 번쩍 번쩍 드는 아이들이 고맙고, 모둠 학습을 할 때 잘 모르는 친구를 도와주는 아이도 고맙다.

아이들과도 당연한 일상이 아니라 고마운 일상임을 수시로 이야기하며 고마움을 표 현해 보자. 일상의 감사함을 알고 있는 아이들이 많다면 학교에서 더욱 행복한 하루가 가능할 것이다.

3) 감정은 존중하되 올바르지 않은 행동은 단호하게 대처하자

최근 가정에서 자녀를 지나치게 과보호를 하면서 아이들이 다른 사람을 배려하는 행동을 늦게 배우는 경향이 있다. 내가 중요한 만큼 다른 사람도 중요하다는 사실을 알고 실천해야 한다. 내 감정이 소중한 만큼 다른 사람의 감정도 소중하다. 학교생활 속에서 자기중심적인 행동을 하는 아이에게는 단호하게 이야기를 하여 해도 되는 행동과 그렇지 않은 행동을 구분할 줄 아는 사람이 되도록 지도해야 한다. 학부모의 선을 넘는 요구도 교육적인 소신을 지켜 단호하게 이야기하는 것이 좋다.

4) 수업 일지(학급 일지)를 꾸준히 기록하자

매일 학교 교실에서 많은 일을 겪는다. 수업 중이나 쉬는 시간 등 학교에서 일어난 일을 꾸준히 기록하는 습관을 가져야 한다. 교사가 일일이 다 기억하기도 어려운 일들이 많기 때문이다. 하루를 돌아보며 수업은 어땠는지 아이들의 생활은 어땠는지 특별한 일은 없었는지 기록하면 내 수업을 성찰하며 다음의 수업에 반영하는 수업 성장은 물론 매일의 학생 생활 기록 자료로도 남아 생활교육에 많은 도움을 줄 것이다.

5) 학부모로부터 신뢰를 얻자

평소에 수업 연구를 많이 하면서 재미있는 수업을 하면 아이들의 만족도가 높아진다. 아이들이 수업에 잘 참여하면 자연스럽게 학부모의 신뢰도 올라간다. 비단 수업 만족도뿐 아니라 학부모와의 소통 통로를 통하여 신뢰도를 쌓는 노력이 필요하다. 학부모와 소통하면서 아이들에게 가진 관심을 잘 표현을 하며 노력을 하면 불필요한 오해가 생길 여지가 사라진다.

나. 회복적 생활교육으로 실천하는 예방 활동

회복적 생활교육은 회복적 정의의 패러다임 위에 세워진 생활 교육 방식이다. 존중과 책임, 관계라는 핵심 가치 위에 생활교육의 교육적 기초를 놓고 정의의 방식으로 개인의 성찰이나 변화를 넘어서 평화공동체를 만들어 나가는 것을 의미한다.

회복적 생활교육을 하기 위해서 강조하는 것은 존중과 자발적 책임, 공동체의 참여와 협력이 중요하다.

관계성 향상을 통한 평화로운 공동체, 갈등과 문제의 평화적 해결 및 상호존중과 자발적 책임의 문화 조성을 통하여 공감 능력을 향상하고, 피해를 입은 쪽과 입힌 쪽 서로가 모두의 필요를 듣고 응답하면서 소통 능력을 향상한다.

공동으로 문제 해결 과정을 계획하고 진행하면서 얻은 개인적 성찰을 통해 책임감과 의무감 함양하며, 피해를 입은 쪽과 입힌 쪽을 구성원으로 다시 받아주고, 서로 돌보고 배려하는 분위기를 조성한다.

1) 갈등 예방 단계

갈등 예방 단계는 학교 구성원 전체를 대상으로 평화적인 공동체를 세우고 회복적 생활교육의 토대를 만들어 가는 가장 중요한 단계이다. 이 단계에서는 담임교사의 역할이 아주 중요하다. 교사는 학생들이 자기 입장에서 목소리를 낼 수 있도록 평소 신뢰 서클을 정기적으로 진행하는 역할을 수행해야 한다. 학생들 사이의 관계성을 높여주는 지속적인 관계 회복 활동을 통해 평등한 교실 문화가 조성되어야 한다.

전체 학생을 대상으로 서클 운영, 평화 명상, 비폭력대화 등을 꾸준히 지속하는 것이 회복적 교육 프로그램의 기본이라 할 수 있다. 관계성이 훼손되었을 때 공동체가 함께 평화적인 방법으로 해결해 나가야 하는데, 이 과정을 심각성에 따라 사소한 갈등 단계와 심각한 갈등 단계로 나눌 수 있다.

'서클'이란 동그랗게 모여 앉아서 이야기를 나누는 모임을 말한다. 동그랗게 둘러앉는 것은 대화의 참여자가 모두 동등하다는 것을 의미한다. 한 사람이 대화를 주도하는 것이 아니라 모두가 동등한 발언의 기회를 가지며 평등하게 소통한다. 학교에서 벌어지는 공동의 문제를 해결하고자 할 때 공동체의 신뢰와 연결을 바탕으로 문제 해결하는 것을 의미한다.

'비폭력 대화'란 학교생활에서 관찰, 느낌, 욕구, 부탁 등 네 가지 영역에 집중하여 솔직하게 말하고, 공감하며 듣는 것이다.

☐ 1단계 관찰 ☐ 2단계 느낌 ☐ 3단계 욕구 ☐ 4단계 부탁

자신과 다른 사람에게 상처를 주는 말에서 벗어나 인간의 본성인 연민을 유지하는 데 도움이 되는 구체적이고 명확한 대화 방법이며 회복적 생활교육의 모든 영역에서 활용할 수 있다.

2) 사소한 갈등 단계

사소한 갈등 단계는 학교생활에서 발생하는 사소한 갈등이나 학급 전체의 문제로 인하여 관계성이 훼손되었을 때 관계성을 회복하기 위한 단계이다. 회복적 대화, 회복적 성찰문, 공동체 문제 해결 서클, 또래 조정자 문제 해결 서클 등을 통하여 평화적이고 민주적인 방법으로 문제를 해결하는 데 목적이 있다.

3) 심각한 갈등 단계

심각한 갈등 단계는 학교 공동체 전체의 안전을 위협할 수 있는 심각한 갈등을 해결하기 위한 단계이다. 이 단계에서는 문제를 해결할 수 있는 전문적인 능력을 갖춘 조정자나 중재자의 개입이 필요하다.

05 학교폭력 대응

가. 학교폭력이란?

1) '학교폭력'이란 학교 내외에서 학생을 대상으로 발생한 상해, 폭행, 감금, 협박, 약

취·유인, 명예훼손·모욕, 공갈, 강요·강제적인 심부름 및 성폭력, 따돌림, 사이버 따돌림, 정보통신망을 이용한 음란·폭력 정보 등에 의하여 신체·정신 또는 재산상의 피해를 수반하는 행위를 의미한다. **(학교폭력 예방 및 대책에 관한 법률 제2조)**

2) 가해자가 학생이 아닌 경우에도 피해자가 학생인 경우 학교폭력에 해당하며, 필요 시 피해학생에 대한 보호조치를 실시해야 한다.

3) 학생들에 대한 생활 지도 시 '사소한 괴롭힘', 학생들이 '장난'이라고 표현한 행위도 학교폭력임을 인식할 수 있도록 분명하게 가르쳐야 한다.

나. 학교폭력의 유형

유형	예시 상황
신체폭력	☐ 신체를 손, 발로 때리는 등 고통을 가하는 행위(상해, 폭행) ☐ 일정한 장소에서 쉽게 나오지 못하도록 하는 행위(감금) ☐ 강제(폭행, 협박)로 일정한 장소로 데리고 가는 행위(약취) ☐ 상대방을 속이거나 유혹해서 일정한 장소로 데리고 가는 행위(유인) ☐ 장난을 빙자한 꼬집기, 때리기, 힘껏 밀치기 등 상대학생이 폭력으로 인식하는 행위
언어폭력	☐ 여러 사람 앞에서 상대방의 명예를 훼손하는 구체적인 말(성격, 능력, 배경 등)을 하거나 그런 내용의 글을 인터넷, SNS 등으로 퍼뜨리는 행위(명예훼손) ※ 내용이 진실이라고 하더라도 범죄이고, 허위인 경우에는 형법상 가중 처벌 대상이 됨 ☐ 여러 사람 앞에서 모욕적인 용어(생김새에 대한 놀림, 병신, 바보 등 상대방을 비하하는 내용)를 지속적으로 말하거나 그런 내용의 글을 인터넷, SNS 등으로 퍼뜨리는 행위(모욕) ☐ 신체 등에 해를 끼칠 듯한 언행("죽을래" 등)과 문자메시지 등으로 겁을 주는 행위(협박)
금품갈취 (공갈)	☐ 돌려줄 생각이 없으면서 돈을 요구하는 행위 ☐ 옷, 문구류 등을 빌린다며 되돌려주지 않는 행위 ☐ 일부러 물품을 망가뜨리는 행위 ☐ 돈을 걷어오라고 하는 행위
강요·강제적 심부름	☐ 속칭 빵 셔틀, 와이파이 셔틀, 과제 대행, 게임 대행, 심부름 강요 등 의사에 반하는 행동을 강요하는 행위(강제적 심부름) ☐ 폭행 또는 협박으로 상대방의 권리행사를 방해하거나 해야 할 의무가 없는 일을 하게 하는 행위(강요)

따돌림	□ 집단적으로 상대방을 의도적이고, 반복적으로 피하는 행위
	□ 지속적으로 싫어하는 말로 바보취급 등 놀리기, 빈정거림, 면박 주기, 겁주는 행동, 골탕 먹이기, 비웃기
	□ 다른 학생들과 어울리지 못하도록 막는 행위
성폭력	□ 폭행, 협박을 하여 성행위를 강제하거나 유사 성행위, 성기에 이물질을 삽입하는 등의 행위
	□ 상대방에게 폭행과 협박을 하면서 정적 모멸감을 느끼도록 신체적 접촉을 하는 행위
	□ 성적인 말과 행동을 함으로써 상대방이 성적 굴욕감, 수치감을 느끼도록 하는 행위
	→ 「아동·청소년의 성보호에 관한 법률」에 따라 성폭력에 대해서는 반드시 수사기관에 신고해야 함
사이버폭력	□ 사이버 언어폭력, 사이버 명예훼손, 사이버 갈취, 사이버 스토킹, 사이버 따돌림, 사이버 영상 유포 등 정보통신기기를 이용하여 괴롭히는 행위
	□ 특정인에 대해 모욕적 언사나 욕설 등을 인터넷 게시판, 채팅, 카페 등에 올리는 행위, 특정인을 표적으로 삼아 저격하는 글을 게시하는 것이 그 한 형태임
	□ 특정인에 대한 허위사실을 글로 올리거나 개인의 사생활에 관한 사실을 인터넷, SNS, 카카오톡 등을 통해 불특정 다수에 공개하는 행위
	□ 성적 수치심을 주거나 위협하는 내용, 조롱하는 글, 그림, 동영상 등을 정보통신망을 통해 유포하는 행위
	□ 공포심이나 불안감을 유발하는 문자, 음향, 영상 등을 휴대폰 등 정보통신망을 통해 반복적으로 보내는 행위
	□ 게임부조 강요, 스마트폰 앱 계정 정보 거래 강요 등 사이버와 관련한 강요 행위

다. 학교폭력 징후

학교폭력 징후를 통해 학교폭력을 초기에 감지하여 차단해야 한다. 다만 어느 한 가지 징후에 해당한다고 해서 학교폭력의 피해 및 가해학생으로 반드시 특정할 수 있는 것은 아니다. 여러 가지 상황을 고려하여 판단해야 할 것이다.

1) 일반적 폭력 피해 징후

〈가정에서〉

□ 표정이 어둡고 평소보다 기운이 없다.

□ 이름만 불러도 놀라는 등 사소한 일에도 크게 반응하고 평소보다 예민해졌다.

□ 학교 가는 것을 싫어하거나 두려워한다.

□ 이유 없이 결석을 하거나 전학시켜 달라고 말한다.

□ 몸에 상처나 멍 자국이 자주 발견되고 혼자 있고 싶어 한다.

□ 절망감(예: 죽고 싶다)이나 복수심(예: 죽어라)을 표현하는 낙서가 있다.

〈학교에서〉

□ 친구들이 험담을 해도 반발하지 않는다.

□ 모둠 활동이나 학급 내 다양한 활동 시 소외되거나 배제된다.

□ 쉬는 시간, 점심시간에 친구들을 피해 종종 자신만의 공간(화장실 등)에 머문다.

□ 옷이 망가지거나 준비물, 소지품을 잃어버리는 일이 잦다.

□ 학교행사나 단체 활동에 참여하지 않으려고 한다.

□ 특별한 사유 없이 지각, 조퇴, 무단결석하는 횟수가 많아진다.

2) 사이버폭력 피해 징후

□ 불안한 기색으로 정보통신기기를 자주 확인하고 민감하게 반응한다.

□ 단체 채팅방에서 반복적으로 공격을 당한다.

□ 용돈을 많이 요구하거나 온라인 기기의 사용요금이 지나치게 많이 나온다.

□ 부모가 자신의 정보통신기기를 만지거나 보는 것을 극도로 싫어하고 민감하게 반응한다.

□ 사이버상에서 이름보다는 비하성 별명이나 욕으로 호칭되거나 야유나 험담이 많이 올라온다.

□ SNS의 상태글귀나 사진 분위기가 갑자기 우울하거나 부정적으로 바뀐다.

□ 컴퓨터 혹은 정보통신기기를 사용하는 시간이 지나치게 많다.

□ 잘 모르는 사람들이 자녀의 이야기나 소문을 알고 있다.

□ 갑자기 휴대전화 사용을 꺼리거나 SNS 계정을 탈퇴한다.

라. 학교폭력 발생 대응 순서

1) 학교폭력 발생 시 대응 순서

① 학교폭력 사안 발생

→ ② 관련 학생 안전 조치

→ ③ 보호자 연락

　　　전담기구 또는 소속 교원의 사안 조사

　　　피해·가해학생 상담

2) 주요 대상별 초기대응

피해학생 조치	• 피해학생의 마음을 안정시키고(심호흡, 안정을 유도하는 말) 신변안전이 급선무다. • 가벼운 상처는 학교 보건실에서 1차 치료하고, 상처 정도가 심해 학교 보건실에서 치료할 수 없을 때는 2차적으로 병원으로 신속히 이송한다. • 탈골, 기도 막힘, 기타 위급상황이라고 판단된 경우 자리에서 움직이지 않고 119에 도움을 청한다.
가해학생 조치	• 피해학생의 상태가 위중하거나 외상이 심한 경우, 가해학생 역시 충격을 받아 예측하지 못하는 돌발행동을 할 수 있다. 그러므로 심리적으로 안정될 수 있도록 교사가 계속 주의를 기울이고 빨리 부모에게 연락한다. • 이후 가해학생에게 지나친 질책 및 감정적 대처를 하지 않도록 유의한다.
보호자 조치	• 보호자에게 사실을 가능한 한 신속히 알린다. • 연락할 때 보호자들이 지나치게 흥분하거나 놀라지 않도록 연락하고, 학교에 오면 사전에 정해진 장소에 가서 자녀를 만날 수 있도록 안내한다. • 사안의 내용과 학교 측의 대처사항에 대해 보호자에게 정확히 알려 준다. • 피해 및 가해학생이 귀가했을 경우, 학생이 가정에서 심리적 안정을 취할 수 있도록 부모에게 안내한다. 특히 피해학생인 경우, 부모가 자녀에게 정서적 지지와 지원을 충분히 해 줄 것을 당부한다.
목격 학생· 주변 학생 조치	• 학교폭력을 목격하거나 폭력 현장에 있음으로 인해 심리적·정서적 충격을 받은 간접 피해자도 유사한 문제 반응이 나타날 수 있다. • 주변 학생들의 현장 접근을 통제하고, 특히 초등학교 저학년의 경우 동화책 읽어 주기, 종이접기 등 흥미 있는 활동으로 주의를 돌려 심리적 충격을 완화시킨다. • 사안에 관련된 학생 및 목격한 학생들에게 상황을 인식시키고, 차후 유사한 폭력상황이 벌어지지 않도록 예방 교육을 실시한다. • 사안에 관련된 학생들에 대해 낙인을 찍어 따돌리거나, 사안과 관련하여 사실과 다른 소문을 퍼뜨리지 않도록 주의한다.

3) 피해학생 보호자 상담(예시)

[1단계] 피해학생 보호자에게 정서적 지지를 보내고, 면담의 목적을 알린다.
"많이 놀라셨죠? ○○이에게 이런 일이 생겨서 저 또한 걱정이 됩니다."
"오늘 이 자리는 피해사실을 확인하고, 학교의 사안처리를 안내드리고자 마련되었습니다. 힘드시겠지만 ○○이가 다시 학교생활을 잘하려면 학부모님의 도움이 필요합니다. 협조를 부탁드립니다."

[2단계] 확인된 사실을 보호자가 정확하게 알고 있는지 파악한다.
"이번 ○○이의 일을 언제, 어떻게 알게 되셨습니까?"
"○○이는 누구에게, 얼마 동안, 어떤 일이 있었다고 이야기했나요?"
"혹시 주변에 이 사실을 객관적으로 본 사람이 있을까요?"
"오늘 학부모님께서 말씀해 주신 것을 제가 한번 요약해 보겠습니다. 들어보시고 수정하고 싶으시거나, 추가할 내용이 있으시면 알려주세요."
"그밖에 달리 알고 계신 점이나 추가 자료가 있으시면 ~까지 제출해 주십시오."

[3단계] 피해학생의 현재 상태에 대해 질문하고, 학생의 피해사실에 대해 유감을 표현한다.
"○○이는 현재 어떤 상태인가요?"
"그렇군요… 얼마나 속상하세요. 저도 가슴이 너무 아픕니다."

[4단계] 사안처리 과정에 대해 안내한다.
"그럼 이제 사안처리 과정에 대해 말씀드릴게요. 관련 학생 면담, 주변 학생 조사 등을 통해 실제 어떤 일이 일어났는지, 그리고 그 과정에서 ○○이가 어떤 어려움이 있었는지를 객관적으로 조사해서 그에 맞는 조치를 취하게 될 것입니다."
"만일 양측의 입장 차이가 크고, 학교가 아닌 제3의 전문 기관의 개입이 필요한 경우 분쟁조정을 신청하실 수도 있습니다."

[5단계] 요구사항을 탐색하고, 학생보호를 약속한다.
"○○이와 학부모님께서 피해 회복을 위해 원하시는 것을 말씀해 주시면 보고서에 반영되도록 하겠습니다."(예: 신체 치료 및 치료비 청구, 화해, 사과, 전학, 처벌 등)
"현재 가장 중요한 것은 ○○이의 안전입니다. 학교에서는 ○○이를 보호하고, 가해 재발을 방지하는 조치가 진행될 것입니다. 재발 방지를 위해 원하는 것이 있다면 말씀해 주세요. 저희도 또 다른 피해나 심리적인 충격을 최소화하고 ○○이가 학교에 적응할 수 있도록 최선을 다하겠습니다."
"필요하시면 ○○이의 회복을 위해 심리 상담 전문가를 연결해 드릴 수 있습니다. 학부모님께서도 ○○이가 안정될 수 있도록 가정에서 잘 살펴주시고, 궁금하시거나 원하는 것이 있으면 연락 주십시오."

[6단계] 충분한 의견 진술을 위해 기회를 제공한다.
"마지막으로 더 하고 싶은 이야기가 있으신가요?"

4) 가해학생 보호자 상담

□ 가해학생 보호자 역시 자녀가 다른 학생에게 폭력을 휘둘렀다는 사실에 당황스러움과 혼란스러움, 의심, 미래에 대한 불안감 등을 경험하게 됨을 이해한다.

□ 가해학생 보호자가 학생의 가해행위를 부정하는 경우, 논쟁하기보다는 접수하는 태도로 반응한다. (예: 네, 그런 생각이 드시는군요. 말씀하신 내용을 잘 정리하여 전달하겠습니다.)

□ 정확히 사실을 밝히는 것이 가해학생과 피해학생 모두를 위한 것임을 전달한다.

□ 가해학생에 대한 특별대우를 바라거나 비교육적인 요구를 하는 경우 정중하게 거절한다.

〈참고 문헌〉

회복적 생활교육 학급운영 가이드북(정진), 피스빌딩, 2017

2023 학교폭력 사안처리 길라잡이(경상북도교육청), 2023

행복 교과서(서울대학교행복연구센터), 2021

●

PART 5

업무 처리방법을 익혀 일처리를 쉽고 정확하게 하라

Chapter 1.

공문서 작성은 이렇게!

포인트 꼭꼭!

☐ 내용은 분명하게, 표현은 명확하게

☐ 공문서 작성원칙에 맞게

☐ 동료들의 업무 추진에 방해가 되지 않도록 제때 처리를!

01 공문서 작성의 기본 원칙

문서를 작성하고자 할 때 특별한 사유가 있는 경우를 제외하고는 아래의 일반원칙에 따른다.

□ 문안: 문서는 「국어기본법」 제11조에 따른 어문규범에 맞게 한글로 작성, 쉽고 간명하게 표현하고, 뜻을 정확하게 전달하기 위하여 필요한 경우에는 괄호 안에 한자 그 밖의 외국어를 넣어 쓸 수 있으며, 특별한 사유가 있는 경우를 제외하고는 가로로 쓴다.

□ 숫자: 아라비아 숫자로 쓴다.

□ 날짜: 숫자로 표기하되 연·월·일의 글자는 생략하고 그 자리에 마침표로 표시한다.
  〈예시〉 2023년 5월 15일(×) → 2023. 5. 15. (○)
       2023. 5. 15. (월) ~ 5. 19(금)(×)
       → 2023. 5. 15. (월)~5. 19. (금) (○) (~ 사이는 붙여씀)

□ 시간: 시·분 표기는 24시간제에 따라 숫자로 하되, 시·분의 글자는 생략하고 그 사이에 쌍점(:)을 찍어 구분한다.
  〈예시〉 오후 3시 05분(×) → 15:05(○)

□ 금액: 문서 및 유가증권에 금액을 표시하는 때에는 아라비아 숫자로 쓰되, 숫자 다음에 괄호를 하고 한글로 기재한다.
  〈예시〉 금15,790원(금일만오천칠백구십원정)
       42,254천원 → 4,225만 4천 원

가. 항목의 표시

문서의 내용을 2 이상의 항목으로 구분하여 작성하고자 할 때에는 다음 구분에 의하여 표시하되, 필요한 경우 부분적으로 □, ○, - 등과 같은 특수한 기호로 표시할 수 있다.

구분	항목 기호	비고
첫째 항목	1., 2., 3., 4., …	
둘째 항목	가., 나., 다., 라., …	둘째, 넷째, 여섯째, 여덟째 항목의 경우, 하., 하),
셋째 항목	1), 2), 3), 4), …	(하), ㉮ 이상
넷째 항목	가), 나), 다), 라), …	계속되는 때에는 거., 거), (거), 거, 너., 너), (너),
다섯째 항목	(1), (2), (3), (4), …	너… 등 단모음 순으로 표시
여섯째 항목	(가), (나), (다), (라), …	
일곱째 항목	①, ②, ③, ④, …	

나. 표시위치 및 띄우기

1) 첫째 항목부호는 제목의 첫 글자와 같은 위치에서 시작한다.

2) 첫째 항목 다음 항목부터는 바로 앞 항목의 위치로부터 2타(한글은 1자, 영문·숫자는 2자)씩 오른쪽에서 시작한다.

3) 항목부호와 그 항목의 내용 사이에는 1타를 띄운다.

4) 하나의 항목만 있을 경우에는 항목구분을 생략한다.

수신자∨∨○○○교육감(○○○과장)

제목∨∨○○○○

1.∨○○○○○○○○○○(제목의 첫 글자와 같은 위치)

∨∨가.∨○○○○○○○○○

∨∨∨∨1)∨○○○○○○○○

∨∨∨∨∨∨가)∨○○○○○○○

∨∨∨∨∨∨∨∨(1)∨○○○○○○○

2.∨○○○○○○○○○○

※ 필요한 경우 ○, □, ◇, - 등과 같은 특수기호 표시 가능

03 문서의 수정

가. 종이문서

원 안의 글자를 알 수 있도록 삭제 또는 수정하는 글자의 중앙에 가로로 두 선을 그어 삭제 또는 수정한다.

나. 전자문서

수정한 내용대로 재작성하여 결재를 받아 시행하되, 수정 전의 문서는 기안자·검토자 또는 결재권자가 보존할 필요가 있다고 인정하는 경우에는 이를 보존하여야 한다.

04 문서의 '끝' 표시

가. 본문이 끝났을 경우

1자(2타) 띄우고 '끝' 표시(규칙 제11조제1항)

〈예시〉 …… 주시기 바랍니다. ∨∨끝.

나. 첨부물이 있는 경우

붙임 표시문 끝에 1자(2타) 띄우고 '끝' 표시(규칙 제11조제1항)

〈예시〉 붙임 1. 서식승인 목록 1부.

           2. 승인서식 2부. ∨∨끝.

다. 본문 또는 붙임 표시문이 오른쪽 한계선에서 끝났을 경우

다음 줄의 왼쪽 기본선에서 1자(2타) 띄우고 '끝' 표시(규칙 제11조제2항)

〈예시〉 (본문 내용) ……………………………… 주시기 바랍니다.

     ∨∨끝.

라. 연명부 등의 서식을 작성하는 경우(규칙 제11조제3항)

1) 서식의 마지막 칸까지 작성되는 경우: 서식의 칸 밖 아래 왼쪽 기본선에서 1자 띄우고 '끝' 표시

응시번호	성명	생년월일	주소
10	김○○	2000. 3. 8.	○○시 ○○길 206, ○동 ○호 (○○동, ○○아파트)
21	박○○	2000. 5. 1.	○○시 ○○길 59(○○동)

∨∨끝.

2) 기재사항이 서식 중간에서 끝나는 경우: 기재사항의 마지막 다음 칸에 '아래빈칸' 표시

응시번호	성명	생년월일	주소
21	박○○	2000. 5. 1.	○○시 ○○길 59(○○동)
아래빈칸			

---

05 첨부물의 표시

문서에 서식, 금전, 유가증권, 참고서류 등 기타의 물품이 첨부되는 때에는 본문이 끝난 다음 줄에 '붙임'의 표시를 하고 첨부물의 명칭과 수량을 쓰되, 첨부물이 2가지 이상인 때에는 항목을 구분하여 표시한다.

(본문)·····························주시기 바랍니다.

(본문과 붙임 사이에 공백 1줄)

붙임∨∨1.∨○○○계획서 1부.

　　　2.∨○○○서류 1부.∨∨끝.

〈공문서 예시 1〉

'감사합니다, 고맙습니다'		
경북초등학교		
수신	내부결재	
(경유)		
제목	2024학년도 학년 말 성적처리 및 NEIS 입력 방법 연수 안내	

1. ∨관련: 교육지원과-23889(2020. 10. 23.)

   <small>Shift + Tab(들여쓰기)을 사용하여 들여쓰는 것이 원칙이나 왼쪽 기본선으로 정렬도 가능</small>

2. ∨2024학년도 학년 말 성적처리 및 NEIS 입력

   자 합니다.

2. ∨2024학년도 학년 말 성적처리 및 NEIS 입력 방법 연수를 다음과 같이 실시하고

   자 합니다. *(사용 가능)* ◀── <small>일시, 장소, 대상 순으로 작성</small>

   ∨∨가. ∨일시:∨2024. ∨12. ∨27. (월)∨15:30 ~

   ∨∨나. ∨장소:∨회의실

   ∨∨다. ∨대상:∨전 교원

   ∨∨라. ∨안건:∨2024학년도 학년 말 성적 관련 연수

   (본문과 붙임 사이에 가독성을 위해 공백 1줄) ◀── <small>1건인 경우 목록번호 필요 없음</small>

   붙임∨∨2024학년도 학년 말 성적 관련 연수물 1부. ∨∨끝.

붙임∨∨1. ∨공적 심사 기준표 1부.

   2. ∨공적 심사표 1부. ∨∨끝.

   ◀── <small>붙임이 2건 이상인 경우</small>

〈공문서 예시 2〉

		'감사합니다, 고맙습니다'		
		경북초등학교		
수신		내부결재		
(경유)				
제목		2024학년도 1학기 교육과정 설명회 실시 계획		

코로나 19 방역 완화에 따라 몇 년간 원격으로 실시하던 교육과정 설명회를 2024학년도 1학기에는 대면으로 실시하고자 합니다.

1. ∨일시:∨2024. 3. 25. (수) 10:30

2. ∨장소: 본교 강당

> 표로 끝나거나 문장이 줄 맨 끝에 마쳐 "끝." 이라는 글자를 쓸 수 없을 때 줄을 바꾸어 1자(2칸) 띄우고 끝을 표시한다.

3. ∨대상: 학부모

4. ∨세부일정

-∨세부 일정∨-			
순	시간	내용	담당
1	10:30~10:40	등록	**
2	10:40~11:00	……	**
3	11:00~11:40	……	**

∨∨끝.

이렇게 해요!

□ 내부결재 공문: 문서의 제목을 '~계획, ~결과, ~안내' 등으로 작성

□ 직속기관(교육지원청, 도교육청, 교육부) 발송 공문의 제목은 '~보고' 또는 '~제출'

□ 기타 기관 발송 공문: ~통보

□ 공문서의 제목, 내용, 붙임 표시, 붙임 파일 4개 항목을 일관성 있게 작성

□ **'붙임'과 '다음'**의 차이: 첨부 문서 없이 간략하게 안내가 가능할 때 다음으로 표시하여 아래 설명

□ 내부결재는 '~하고자 합니다.', '~와 같습니다.', 대외 발송 공문은 '~보고(제출)합니다.', '~통보합니다.'

□ 기안문을 작성하고 결재 절차는 기안자(교사) → 부장교사 → 교감 → 교장 순으로 선택하여 진행

06 공문서 상신 전 기타 설정하기

가. 대국민 공개여부 설정

① [비공개] 중요한 문서의 대국민 공개를 제한함

② [목록공개여부]-[공개] 공개 여부는 비공개이지만, 목록 공개는 원칙으로 함(목록 검색 가능)

③ [공개제한부분] 문서의 중요도에 따라 선택 가능(자세한 내용은 관례법령 확인)

　[6호] 개인 인적사항이 공개될 경우 사생활 침해가 인정되는 정보(이름이 포함되는 경우 필히 선택)

　[7호] 공개 시 학교의 비밀이 공개되어 이익에 해할 우려가 있는 정보

④ [직원열람제한]-[영구] 중요한 내용을 기안 및 결재자 외에는 열람할 수 없음

⑤ [기타보안]-[문서암호화(DRM)] 문서가 공개되더라도 암호화 처리되어 볼 수 없도록 하는 기능

⑥ [공람] 결재가 완료된 후, 공람 지정된 사람들에게 열람할 수 있는 기능

나. 대외 공문 발송 시 자동 발송하기

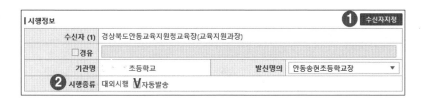

① [수신자지정] 외부 기관으로 발송하는 공문의 경우 클릭하여 기관을 선택함

② [시행종류]-[자동발송 체크] 기관장의 결재가 나면 자동으로 발송 처리됨. 체크하지 않으면 기관장 결재 후 결재 완료 문서를 발송 처리를 별도로 해야 함

학교 예산으로 물품을 구입하거나 지출이 필요한 경우 행정실의 에듀파인의 학교 회계에서 품의등록을 하고 행정실의 협조를 구한다.

① 에듀파인 왼쪽 위 [업무관리] 항목을 클릭하여 [학교회계] 항목으로 변경

② [사업담당]-[품의/정산]-[품의등록] 선택

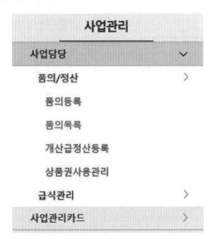

③ 제목 입력

예) 2023학년도 현장 중심 교사 수준 교육과정 연수 간담회 간식 구입

④ 개요 입력: 기본문구를 선택하여 입력하는 것도 가능

예) 1. 관련: 안동초-4394(2023. 4. 21.)

　　2. 2023학년도 현장 중심 교사 수준 교육과정 연수 간담회 간식을 아래와 같이 구

　　입하고자 합니다.

　　가. 물품 내용: 도시락

　　나. 소요 예산: 6,000원*30개=180,000원

　　　　합계: 금180,000원(금일십팔만원). 끝.

⑤ [예산선택]을 클릭하여 예산을 사용할 사업과 잔액을 확인하고 선택(만일 예산이

　　없을 경우 행정실에 예산 사용 권한 문의)

⑥ [행추가+]를 사용하여 구체적인 단가와 수량 기입

⑦ 물품 내용이 많을 경우 [파일]을 클릭하여 엑셀파일 양식을 다운받아 엑셀로 작성

후 업로드

* 물품을 구입 결과 품의 올린 금액을 초과하여서는 안 되니 금액이 정확하지 않을 경
  우 품의를 올릴 때 여유 있게 품의를 올려야 함
⑧ 오른쪽 위 [저장]을 클릭하면 활성화되는 [결재요청]을 클릭하여 상신
* 저장 후 상신 전에는 언제든지 수정 가능

Chapter 2.

학교생활기록부 작성 및
나이스 성적 처리는 이렇게!

포인트 꼭꼭!

☐ 수행평가 계획부터 치밀하게

☐ 수행평가 결과를 토대로 NEIS 평가 내용 기록

☐ 평가 환류로 학생 발달 및 수업 개선 자료로 활용

가. 수행평가의 개념

교사가 수업 시간에 학습자들의 학습과제 수행 과정 및 결과를 직접 관찰하고, 그 관찰 결과를 진문적으로 판단하는 평가 방법

나. 수행평가의 특성

1) 평가 결과에 대한 적절한 정보 제공과 추수 지도를 통해 학생이 자신의 학습을 지속적으로 성찰하고 개선할 수 있는 평가
2) 학생 평가 결과를 활용하여 수업의 질을 지속적으로 개선된 평가
3) 학습 결과뿐만 아니라 학습의 과정을 평가하여 모든 학생이 교육 목표에 성공적으로 도달할 수 있게 평가
4) 교육과정의 범위를 넘어서거나 학생에게 배울 기회를 주지 않은 내용과 기능은 평가하지 않는다.
5) 서술형, 논술형, 구술, 토의·토론, 실기, 실험·실습, 보고서, 포트폴리오, 프로젝트 평가 등으로 확대하여 평가
6) 정의적, 기능적, 창의적인 면이 특히 중시되는 교과는 교사, 학생, 학부모 모두가 공감하는 타당한 평정 기준과 척도에 따라 평가

다. 수행평가 계획 수립

1) 교과, 창의적 체험활동 평가의 기본방향 및 방침 설정
2) 학년별 협의에 의해 각 학년 수행평가 계획 수립 및 작성
3) 학년별로 각 교과별 수행평가 기준안 작성 및 내용 선정
   가) 수행평가 기준안은 매 학기 초 연 2회 작성함
   나) 서술, 논술, 구술, 토론, 실기, 면접 등 다양한 평가 방법 활용

다) 각 교과별 지도 영역이 모두 평가에 반영될 수 있도록 평가 계획을 수립하고 문항을 개발

4) 학년교육과정 및 학급교육과정에 수행평가 계획 수록

5) 계획한 수행평가 영역 및 평가 내용 나이스 등록 결재받기

라. 수행평가 절차

1) 평가하고자 하는 이유를 명확히 밝힌다.

2) 평가하고자 하는 성취기준을 명확히 한다.

3) 평가 내용에 적합한 평가 방법을 선정(관찰, 면담, 실기, 실험 실습, 보고서, 포트폴리오 등)하고 평가 도구를 개발한다.

4) 평가의 기준을 명확히 한다.

5) 실제로 평가를 실시한다.

6) 내용에 따라 평가 내용을 학생들에게 사전 예고할 수도 있다.

7) 미리 개발된 채점 기준표에 따라 채점하고, 그 결과를 활용한다.

마. 수행평가 결과 활용

1) 수행평가 내용을 분석하여 교수·학습 방법 개선의 자료로 활용

2) 학생의 학업 성취도를 다양한 방법으로 자세히 파악하여 학생 개인차와 특성을 고려한 학습 지도를 위한 자료로 사용

3) 평가에서 얻은 피드백자료에 근거하여 차기 학습을 계획

4) 학교에서 학습한 지식과 기능을 실제 상황에서 똑같은 방법으로 응용

5) 수행평가는 결과뿐 아니라 학습 과정 평가에 활용

6) 평가 결과를 종합해 진보의 정도, 특징 등을 문장으로 기술하여 통지하는 자료로 사용

7) 평가 후 결과는 학생 본인에게 제공하고, 이의 신청이 있을 때는 적절한 조치를 취함

바. 수행평가 결과 나이스 입력 및 처리

1) 평가 결과 업무포털(나이스)에 입력 후 나이스로 결재

2) 평가 결과를 토대로 학생생활기록부 작성

3) 평가 결과 분석을 학생 발달 및 교실 수업의 개선 자료로도 사용

🎯 Tips 수행평가 결과 나이스 입력 절차

나이스/ 성적/ 학생평가/ 교과평가/ 성취기준별, 영역별, 교과별 평가 내용 입력

---

09 선행 작업

가. 기초 작업

기본 학적 관리	☐ [학적]-[기본학적관리]-[기본신상관리]: 기본신상, 누가주소등록, 학적사항 등을 확인. 전 입생 누가 주소 입력 확인 ☞ 학생의 성명, 성별, 주민등록번호와 주소는 주민등록등(초)본과 일치 확인 ☞ **외국인의 경우** 여권(외국인등록증, 외국인등록 사실증명, 국내거소신고 사실증명)에 표 기된 영문 또는 한글의 성명과 성별을 <u>그대로 입력</u>
출결 관리	☐ [학적]-[출결관리]-[출결관리] ☞ 수업일수는 초·중등교육법시행령 제45조의 규정에 의하여 학교장이 정한 학년별 학생 이 연간 총 출석해야 할 일수를 입력 　※ 출결 마감을 제일 먼저 실시한 후 성적처리 　※ 법령에 따른 등교 중지 대상자가 원격수업을 수강한 경우 '출석'으로 인정 ☞ 출결의 '비고등록'란은 출결 특기사항의 보조부, 결석·지각·조퇴의 사유를 입력할 수 있다. ☐ [학적]-[출결관리]-[출결관리]-[출결 특기사항 등록] ☞ 개근: 학년 말에 '개근'으로 입력 ☞ 결석(질병, 미인정, 기타결석)은 질병결석의 경우에는 연속 5일 이상의 결석, 단기결석의 경우 누계 5일 이상일 경우, 주된 사유를 들어 특기사항을 결석사유(결석일수)의 형태로 입력함 　※ **'결석사유(결석일수)'**: 감기(5일), 다리수술(10일) 　※ 개인정보를 보호할 필요가 있다고 판단되는 경우는 질병사유를 입력하지 않음. (예 시) 입원치료(4일)

	☞ 〈예〉 A학생: 4/29(감기), 5/8(감기), 6/26(감기), 7/17(복통)으로 결석한 경우 ⇒ '출결특기사항': 감기(3일), 복통(1일)
시간표 관리	☐ [시간표관리]-[기초시간표]: 시간표 입력-담당 교사의 과목으로 시간표 입력 확인 ☞ [반별시간표]-[학기별시간표관리]-[학년반 조회]-편차 확인 (2학기 편차가 0인지 확인)
수상 경력	☐ [학생생활]-[수상경력]-[학급별수상관리] ☞ 교내상: 업무 담당자가 입력한 내용 확인 ※ 수상경력 이외의 어떠한 항목에도 입력하지 않음(참가 사실 등 기재 불가) 수상경력은 입력하되 생활기록부에는 반영되지 않음

나. 평가영역 및 내용 입력은 성취기준 파악

[성적]-[평가계획(안)관리]-[평가준거 성취기준관리]

다. 평가기준 입력 및 마감

[성적]-[평가계획(안)관리]-[평가기준관리]

1) 전체선택 후 **[일괄입력]** 클릭

2) 평가단계 → 3단계

3) 평가기준 → ○, □, △

4) **[입력]** 클릭 → 해당교과 전 영역 같은 기준 입력됨

5) 각 교과별 위와 같은 방법으로 등록

6) 학년에서 한 명이 대표로 입력

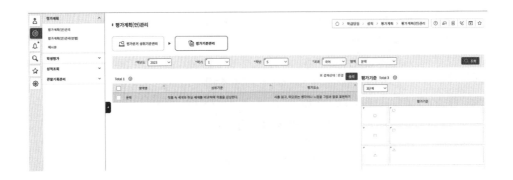

10 성적 평가 작업

가. 성취기준별 평가

[성적]-[학생평가]-[교과평가]-[성취기준별 평가]-[조회]

1) 학생 전체 선택 후 [성취기준별 평가 선택적용]-상, 중, 하 선택

2) 입력 완료 후 **[저장]** 클릭

3) 평가 결과를 변경할 학생만 수정 후 저장

4) 각 교과의 모든 영역을 위와 같은 방법으로 입력 완료 후 교과를 변경하여 작업

나. 영역별, 교과별 평가

[성적]-[학생평가]-[교과평가]-[영역별, 교과별 평가]-[조회]

1) 영역, 혹은 교과를 선택

2) **[단계]**를 열어 상, 중, 하 선택하여 저장

3) 평가 결과를 변경할 학생만 체크한 후 **[선택]**을 열어 결과 변경하고 **[저장]**

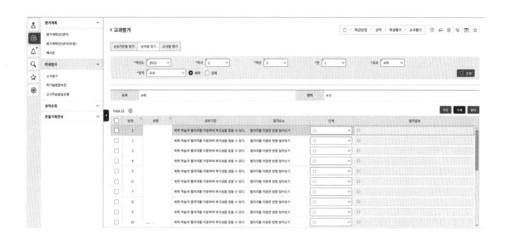

다. 학기 말 종합의견(교과학습발달상황)

유의점	☞ 지필·수행평가 결과를 토대로 과목별 성취기준에 따른 성취 수준 특성을 구체적이고 객관적으로 입력 ☞ 1, 2학년 '바른 생활', '슬기로운 생활', '즐거운 생활' 교과는 세 교과의 성취기준을 바탕으로 하여 학생의 성취수준에 따른 특성을 종합하여 기록 ※ 통합하여 기재한 결과에서 특정 교과가 누락되지 않도록 함 ☞ 영재교육기관(영재학교, 영재학급, 영재교육원)에서 수료한 영재교육 관련 내용은 **관련 교과의 '세부능력 및 특기사항'에 입력** 　예 1) 영재교육원에서 초등수학영역(120시간) 110시간 이수함 　예 2) 영재학급에서 음악영역(120시간) 120시간을 이수함 ☞ 발명교육센터에서 운영하는 교육과정을 수료한 학생의 교육 실적은 실과 또는 과학의 '세부능력 및 특기사항'란에 입력

입력방법	☞ [성적]-[학생평가]-[학기 말 종합의견]-[저장]
	☞ [성적]-[학생평가]-[교과학습발달상황]-[일괄저장]-[학생별/과목별]-1학기, 2학기 선택 후 일괄저장

11 성적 평가 결과 조회

[성적]-[성적조회]-[교과별 성적조회]

1) 영역+평가결과, 평가요소, ∨ 표시 후 [조회]

2) 각 교과별 파일로 저장 → 파일명 예시: 1학기 수행평가(6-1 국어)

12 수상경력, 창의적 체험활동 상황

가. 수상경력

등급(위)이나 부문 등의 누락 사항이 있는지 꼭 확인하기(실제 참가인원 병기)

나. 창의적 체험활동 상황-자율활동

[학생생활]-[창의적 체험활동]-[자율/동아리활동 누가 기록]-[반별]

1) 학년, 반 선택 후 [조회]

2) 학생 선택 후 자율활동 일자, 이수시간, 활동 내용 입력(결석생 제외)

3) [적용] 클릭한 후 [저장]

4) 같은 방법으로 1학기 주안에 따라 자율활동 누가 기록

다. 창의적 체험활동-특기사항 기록

유의점	□ [학생생활]-[창의적 체험활동]-[자율활동 누가 기록, 동아리활동부서별 기록, 봉사활동 누가 기록, 진로활동 누가 기록] ☞ 학생의 평소의 활동 상황을 누가 기록한 자료를 토대로 함 ☞ 특기사항에 정량적인 기록이 가능한 부분은 정량적으로 입력 　※ (예) 학급회의(월 1회), 양성평등교육(4시간) 등 ☞ 안전한 생활(초등학교 1-2학년)은 교육과정 성취기준을 근거로 특기사항을 입력 ☞ 학업 중단자(유예·면제)의 경우 학업 중단일까지의 특기사항 입력

활동	입력 예시	비고
정규교육과정 내 동아리 활동	(꾸러기음악부) 악기 연주에 관심이 많고 ~	동아리명, 활동 내용
학교 교육계획에 의한 자율 동아리 활동	(솔솔토론터: 자율 동아리) 독서 · 토론동아리	동아리명, 간략 소개
학교 교육계획에 의한 청소년단체	(○○단: 학교 교육계획에 따른 청소년단체)	단체명
학교스포츠클럽 활동	(줄넘기반: 방과후학교스포츠클럽)(12시간)	클럽명, 활동시간

※ [학생생활]-[창의적 체험활동]-[학생부자료기록] {동아리특기사항가져오기}

봉사 활동	□ [학생생활]-[창의적 체험활동]-[봉사활동실적관리] ☞ '일자 또는 기간' 입력 시 시작일과 종료일이 같은 경우는 시작일만 입력 ☞ 학생 개인 계획에 의해 실시한 봉사활동은 학교장 승인한 경우만 입력 ☞ 나눔포털을 활용하는 경우, 학생은 봉사활동 및 봉사활동 확인서를 학교에 제출할 필요가 없음
진로활동	□ [학생생활]-[창의적 체험활동]-[진로활동관리] ☞ 진로활동 영역의 '**특기사항**'란에는 학생의 활동 참여도, 활동 의욕, 태도의 변화 등 진로활동과 관련된 사항, 학생 · 학부모 상담 결과, 진로활동 수행 결과 등을 종합하여 담임교사가 입력 ☞ 학생의 학업진로, 직업진로에 대한 계획서, 진로와 관련된 각종 검사를 바탕으로 특기사항을 입력할 수 있음
안전한 생활	□ [학생생활]-[창의적 체험활동]-[안전한생활관리] ☞ 학교에서 배운 안전 수칙과 예방 행동을 일상생활 속에서 위험을 예방하고 실천하는 태도 및 기능 입력 ※ 안전한 생활의 역량인 자기관리 역량, 공동체 역량, 지식정보처리 역량의 함양 정도 입력

13 행동특성 및 종합의견

가. 행동특성 및 종합의견

[학생생활]-[행동특성 및 종합의견]

1) 학생의 학습, 행동 및 인성 등 학교생활에 대한 상시 관찰 평가한 누가 기록을 바탕으로 다양한 분야에서의 구체적인 변화와 성장 등을 종합적으로 기재

유의점	□ [학생생활]-[행동특성 및 종합의견] ☞ 학생을 수시로 관찰하여 **누가 기록한** 행동특성을 바탕으로 총체적으로 학생을 이해할 수 있는 종합의견을 담임교사가 문장으로 입력 　※ 행동특성 누가 기록: 학기별 반드시 작성(객관적 증빙자료) ☞ 장점과 단점을 사실에 근거하여 입력하되, **단점을 입력하는 경우 변화 가능성을 함께 입력** ☞ 체육·예술활동은 학교 교육활동을 통한 체육 및 예술활동을 종합적으로 입력 ☞ 행동특성과 관련된 내용은 시도교육감이 정한 방법에 따라 누가 기록(연간 3회 이상)하여 관리

2) 학교폭력대책자치위원회에서 결정한 조치사항 입력: 학교폭력대책심의위원회에서 결정한 「학교폭력 예방 및 대책에 관한 법률」 제17조 제1항 제1호·제2호·제3호·제7호에 따른 조치사항을 조치 결정 일자(교육지원청 내부결재일)와 함께 결정 즉시 입력. 위 기재된 사항은 졸업 후 절차에 따라 삭제

14 학교생활기록부 자료 반영, 검증 및 종합일람표 확인, 출력

가. 전체 학생 자료 반영 및 검증

[학생부]-[학교생활기록부]-[학생부반영]/[자료검증]

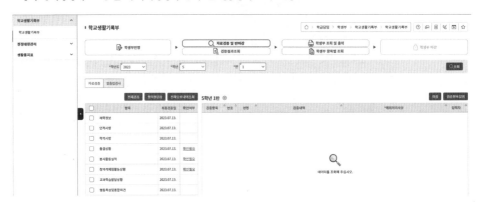

나. 종합일람표 출력 및 확인

[학생부]-[생활통지표]-[종합일람표]

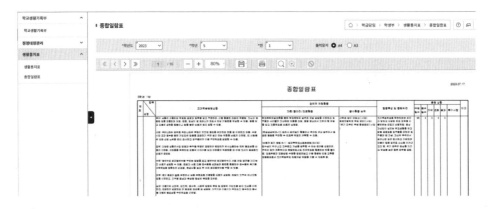

1) 학년, 반 선택-출력용지 A4로 선택 후 조회-출력

2) 문서 종류 선택 후 저장

다. 통지표 등록, 조회 및 출력

1) 통지표 등록

[학생부]-[생활통지표]-[통지표 등록]

※ 통지표 항목 등록: 교과평가, 출결상황, 창의적 체험활동, 행동특성 및 종합의견, 수상경력, 봉사활동 설정 후 저장

2) 통지표 자료반영 및 마감: 학년별 조회하여 전체 반영 후 마감

[학생부]-[생활통지표]-[자료반영 및 마감관리]

3) 통지표 출력

[학생부]-[생활통지표]-[통지표 조회 및 출력]

PART 6

●

복무와 인사제도를
제대로 알고
교권을 보장받으라

Chapter 1.

복무규정

 포인트 꼭꼭!

☐ 교육자로서의 품성과 능력을 갖추기 위해 끊임없이 노력해야 한다.

☐ 복무규정을 제대로 알고 잘 지킨다.

가. 법규의 이해

1) 법규의 이해(☞ 참고사이트 http://www.law.go.kr/)

가) 법률 상충 시 상위법 우선의 원칙, 신법 우선의 원칙, 특별법 우선의 원칙에 따른다.

헌법	교육의 권리 및 의무, 균등교육, 의무교육, 평생교육 등(제31조) 교육의 자주성·전문성·정치적 중립성 등(제31조)

⬇

법률	교육기본법, 유아교육법, 초·중등교육법, 고등교육법, 평생교육, 국가공무원법, 교육공무원법, 지방교육자치에 관한 법률, 상훈법

⬇

명령	대통령령: 초·중등교육법 시행령, 교육공무원 임용령, 교육공무원 승진규정, 국가공무원 복무규정, 공무원 보수 규정, 교육공무원징계령 교육부령: 교육공무원 인사기록 및 인사사무처리 규칙, 교육정보시스템의 운영 등에 관한 규칙 등

⬇

자치법규	조례: 경상북도과학교육심사의회 조례 등 규칙: 경상북도교육과학연구원 운영 규칙 등

⬇

기타	훈령: 교육부 공무 국외 여행 규정 등 예규: 인사 관련 예규 등

교육기본법 제14조(교원)

① 학교 교육에서 교원(　　)의 전문성은 존중되며, 교원의 경제적·사회적 지위는 우대되고 그 신분은 보장된다.

② 교원은 교육자로서 갖추어야 할 품성과 자질을 향상시키기 위하여 노력하여야 한다.

③ 교원은 교육자로서 지녀야 할 윤리의식을 확립하고, 이를 바탕으로 학생에게 학습윤리를 지도하고 지식을 습득하게 하며, 학생 개개인의 적성을 계발할 수 있도록 노력하여야 한다. 〈개정 2021. 3. 23.〉

④ 교원은 특정한 정당이나 정파를 지지하거나 반대하기 위하여 학생을 지도하거나 선동하여서는 아니 된다.

⑤ 교원은 법률로 정하는 바에 따라 다른 공직에 취임할 수 있다.

⑥ 교원의 임용·복무·보수 및 연금 등에 관하여 필요한 사항은 따로 법률로 정한다.

초·중등교육법 20조(교직원의 임무)

① 교장은 교무를 총괄하고, 소속 교직원을 지도·감독하며, 학생을 교육한다. 〈개정 2021. 3. 23.〉

② 교감은 교장을 보좌하여 교무를 관리하고 학생을 교육하며, 교장이 부득이한 사유로 직무를 수행할 수 없을 때에는 교장의 직무를 대행한다. 다만, 교감이 없는 학교에서는 교장이 미리 지명한 교사(수석교사를 포함한다)가 교장의 직무를 대행한다.

③ 수석교사는 교사의 교수·연구 활동을 지원하며, 학생을 교육한다.

④ 교사는 법령에서 정하는 바에 따라 학생을 교육한다.

⑤ 행정직원 등 직원은 법령에서 정하는 바에 따라 학교의 행정사무와 그 밖의 사무를 담당한다. [전문개정 2012. 3. 21.]

초·중등교육법 시행령 제41조(교원의 자격)

① 법 제21조에 따른 교원의 자격검정과 교원자격검정위원회의 조직·권한 및 운영에 필요한 사항은 따로 대통령령으로 정한다.

② 법 별표 2 중 중등학교 정교사(2급) 자격 제9호에 따른 임용권자의 추천 대상자는 학교운영위원회의 심의를 거쳐 정하되, 법 제22조에 따른 산학겸임교사 등(명예교사는 제외한다)의 자격을 갖춘 사람 중 임용 예정학교에서 필요로 하는 분야에 특별한 능력을 보유하고 있어 해당 분야의 교육을 담당할 수 있는 사람으로 한다.

③ 법 별표 2 중 중등학교 정교사(2급) 자격 제9호에 따른 교육감의 전형은 서류심사와 역량평가 등의 방법으로 실시한다. [전문개정 2011. 12. 30.]

나. 국가공무원의 구분(국가공무원법 제2조)

1) 경력직공무원: 일반직공무원, 특정직공무원

가) 교육공무원은 경력직공무원 중 특정직공무원에 속하며, 교원과 교육전문직으로
구분

- 교원: 교사, 수석교사, 교감, 교장
- 교육전문직: 장학사, 장학관, 교육연구사. 교육연구관

2) 특수경력직공무원

가) 정무직공무원, 별정직공무원, 계약직공무원

02 파견 및 초빙교사제

가. 파견

1) 파견 사유와 기간 및 기관

[교육공무원임용령 제7조의3 제1항과 제2항]

구분	사유	기간	파견 기관
1호	교육기관·교육행정기관 및 교육연구기관 외의 기관 또는 단체에서 국가적 사업으로 교육·연구·학술진흥 등의 업무를 수행하기 위하여 특히 필요한 경우	2년 이내, 1년 연장 가능	교육기관. 교육행정기관 및 교육연구기관 외의 기관 또는 단체

2호	다른 기관의 업무폭주로 행정지원을 위한 경우	2년 이내, 1년 연장 가능	다른 기관
3호	업무의 소관이 명백하지 아니하거나 관련 기관 간의 긴밀한 협조를 요하는 특수업무의 공동수행을 위하여 필요한 경우	1년 이내, 1년 연장 가능	관련 기관
4호	「교원 등의 연수에 관한 규정」에 의한 교육공무원의 연수를 위하여 필요한 경우	필요한 기간	연수기관
5호	법령 또는 조례의 규정에 의한 교육공무원 연수기관의 교수요원으로 선발된 경우	1년 이내, 1년 연장 가능	연구 기관
6호	학술진흥과 지역 간 교육의 균형발전을 도모하기 위하여 상호간에 필요한 경우	2년 이내, 1년 범위 안에서 연장 가능	교육기관, 교육행정기관, 교육연구기관
7호	교육공무원의 능력을 개발하기 위하여 국내외 교육기관 또는 교육연구기관에 파견할 필요가 있는 경우	1년 6월 이내, 6월의 범위 연장 가능	국내 교육기관 또는 교육연구기관
8호	국가 간 또는 국제기구와 협력 사업을 수행하기 위하여 파견할 필요가 있는 경우	2년 이내, 1년 범위 안에서 연장 가능	외국 정부, 국제기구 또는 연구기관
9호	국내외 연구기관 관련 업무 수행·능력개발이나 국가정책 수립과 관련된 자료수집 등을 위하여 필요한 경우	1년 이내	국내 연구기관 또는 민간 및 단체
10호	「재외국민의 교육지원 등에 관한 법률」에 따른 한국학교 또는 한국교육원의 효율적인 운영을 지원하기 위해 필요한 경우	3년 이내, 1년 연장 가능	한국학교, 한국교육원

2) 파견 절차

가) 교육공무원임용령 제7조의3 제1항 제1호부터 제3호까지, 제5호 및 제6호에 따라 소속교육공무원을 파견함에는 미리 파견받을 기관의 장의 요청이 있어야 함

나) 교육공무원임용령 제7조의3 제1항 제1호부터 제3호까지 및 제8호부터 제10호까지의 규정에 따라 소속 교육공무원을 파견하거나 그 파견기간을 연장하고자 하는 경우에 그 교육공무원이 국가기관 소속일 때에는 인사혁신처장과 협의해야 하고, 특별시·광역시·특별자치도·도 및 특별자치도 교육청 소속일 때에는 교육감의

승인을 얻어야 함

다) 교육부장관은 인사혁신처장과 협의할 필요가 없는 파견의 경우에는 그 사실을 인사혁신처장에게 통보하여야 함

3) 파견 복귀와 결원 보충

가) 파견사유 소멸 또는 파견목적 달성 가망이 없는 경우에는 지체 없이 소속기관에 복귀시켜야 한다. (「국가공무원법」 제32조의4의 제2항)

나) 파견 기간이 1년 이상인 경우 별도 정원이 따로 있는 것으로 보고 결원을 보충할 수 있다. 이 경우 1년 이상의 파견으로 인하여 결원을 보충하고자 하는 때에는 미리 행정안전부장관과 협의하여야 한다. (「교육공무원임용령」 제7조의4)

나. 초빙교사제

1) 실시 대상학교 및 대상 교사

가) 도내 공립학교

나) 도내 공립학교에 근무하고 있는 교사

2) 초빙교사 비율

가) 초·중등 일반학교: 교사 총 정원의 10% 이내

나) 자율학교, 교장공모제 학교, 경북미래학교, 경북희망학교: 교사 총 정원의 30% 이내

다) 자율형공립고등학교: 교사 총 정원의 50% 이내

라) 과학고등학교: 수학·과학·정보 교사만 100% 초빙(그 외 교과 초빙 불가)

3) 초빙 기간

- 2023. 3. 1.~2028. 2. 29. (3년 이상 5년 이하 자율 결정)

4) 초빙교사 임용 절차

가) 학교: 학교운영위원회 심의 거쳐 초빙교사제 실시 지정 요청

나) 교육지원청: 인사위원회 심의 거쳐 교육감에게 추천

다) 도교육청: 초빙교사제 실시 학교 지정

라) 학교: 교사초빙제 실시학교 지정 공고(7일 이상 홈페이지 공고)

마) 지원자: 초빙교사 지원자 서류 우편 제출(초빙지원교 해당 교육지원청)

바) 학교: 초빙교사 서류 수령 및 심사하여 3배수 교육지원청에 추천

사) 교육지원청: 인사위원회 심의 거쳐 도교육청에 2배수 추천

아) 도교육청: 인사위원회 심의 후 초빙교사 임용권자(교육감)가 임용 결정 통보

5) 응모자 서류 제출

---

① 초빙교사 응모 지원서 2부

② 자기실적 소개서 2부

③ NEIS 인사기록카드 전체 사본 2부

④ 교육활동(응모 영역) 계획서 2부

⑤ 초빙교사 요건에 관련된 자료 및 증빙서류 2부

⑥ 기타 학교운영위원회에서 요구하는 자료 2부

이럴 땐 안 돼요!

- 교육공무원 승진 규정의 도서·벽지 진흥법에 의한 가산점 부여 학교는 초빙교사제 대상학교에서 제외
- 정년퇴직 예정자와 근무 연한 만기자의 후임자리 또는 미발령으로 인한 결원자리에 대해서만 실시

- 연구·시범학교 운영과 같은 특별한 목적 없는 비교과교사 초빙은 불허
- 초빙 당해 학교 교사(초빙교사 포함)는 본교에, 초빙학교 소재 시·군 근무 만기자는 해당 시·군 학교에 초빙될 수 없음. 단, 마이스터고등학교의 전문교과 교사는 1회에 한하여 당해 학교에 재초빙 가능
- 징계처분, 교원 4대 주요 비위자(금품·향응수수, 상습폭행, 성폭행, 성적조작), 징계의결 요구 중인 자, 수사 중이거나 각종 언론 보도 등으로 사회적 물의를 야기한 자는 지원이 제한
- 초빙교사는 초빙 근무기간 만료 이전에 전직, 타 시·도 전출·교류, 전과, 전보 등을 할 수 없음. 다만, 초빙교사가 당해 학교에 계속 근무할 수 없는 객관적이고 명백한 사유가 있을 경우 학교장은 학교운영위원회의 심의를 거쳐 초빙을 해지할 수 있음
- **초빙교사가 초빙 해지될 경우에는 전보**
- 초빙기간이 만료되는 경우 전보점에 의하여 타교 전보 및 다른 학교에 재초빙 가능

 Tips

경상북도교육청 중등교육과-22245(2022. 9. 13.) 2023. 3. 1. 자 초빙교사제 시행 계획)에 의거

03 휴직과 복직

가. 휴직과 복직의 법적 근거

1) 교육공무원법 제44조 및 제45조(휴직, 휴직기간 등)

2) 국가공무원법 제43조(휴직·파견 등의 결원보충 등)

3) 공무원보수규정 및 공무원수당 등에 관한 규정

4) 교육공무원 인사관리규정 및 교육공무원 승진규정

5) 교원의 노동조합 설립 및 운영 등에 관한 법률 등

나. 휴직 사유 및 기간

1) 직권휴직(교육공무원법 제44조 제1항, 제45조 제1항)

종류	질병 휴직	병역 휴직	생사불명	법정의무 수행	노조전임자
요건	신체상·정신상의 장애로 장기요양이 필요할 때	「병역법」에 따른 병역 복무를 위하여 징집되거나 소집된 경우	천재지변이나 전시·사변 또는 그 밖의 사유로 생사나 소재를 알 수 없게 된 경우	법률상 의무수행을 위해 직무를 이탈하게 된 경우	노동조합 전임자로 종사하게 된 경우
기간	1년 이내 1년 연장, 공무 3년	복무기간	3월 이내	복무기간	전임기간
경력평정	미산입 (공무 산입)	산입	제외	산입	산입
봉급	1년 이내 70% 1-2년 50% 공무 전액	지급 안 함			

2) 청원휴직(교육공무원법 제44조 제1항, 제45조 제1항)

종류	유학 휴직	고용 휴직	육아 휴직	입양 휴직	치료 휴직	연수 휴직	간병 휴직	동반 휴직	자율연수 휴직
요건	학위 취득 목적 해외 유학, 연구, 연수	국제기구, 재외교육 기관, 민간에 임시 고용	만 8세, 초 2 이하 자녀 육아, 임신 또는 출산	만 19세 아동 입양	불임·난임으로 치료	국내 연구 기관·교육기관에서 연수	조부모, 부모, 배우자, 자녀, 손자녀의 간호	배우자 국외 근무	자기 계발 목적 학습, 연구
기간	3년 이내, 학위 취득 3년 연장	고용 기간	1명당 3년 이내, 분할가	6월 이내	1년 이내 1년 연장	3년 이내	1년 이내 재직 중 3년	3년 이내 3년 연장가	1년 이내 재직 중 1회

경력 평정	50% 산입	상근: 100% 비상근: 50%	산입	산입	미산입	50% 산입	미산입	미산입	미산입
봉급	50% 지급 (3년 이내)	지급 안 함							

다. 복직 및 연장

1) 절차: 휴직 종류에 따라 다소 상이함(아래는 질병휴직의 경우)

  가) 기간 만료 전 30일 이내에 복귀 신고

  나) 기간 중 질병이 완쾌되었으면 증빙서류와 함께 복직원 제출

  다) 1년을 초과하지 않는 범위 내에서 연장, 복직 후 재휴직 가능

라. 기타

1) 모든 휴직은 가급적 학기 단위로 기간을 정하도록 권장

2) 휴직기간을 연장하고자 할 때는 만료일 15일 전 까지 신청

3) 휴직 중인 자는 매 반기별(6월 30일, 12월 31일) '휴직자 실태 보고서'를 작성하여 소속기관의 장에게 보고(단, 보고시점이 휴직 시작 후 1개월 이내의 경우 보고 생략)

4) 2년 이상 휴직한 교원은 복직연수를 받아야 함

[교원휴가에 관한 예규[시행 2018. 11. 9.]

[교육부예규 제35호, 2018. 11. 9., 전부개정]에 따름

가. 목적

「국가공무원 복무규정」 제24조의2에 따라 교원의 휴가에 관하여 「국가공무원 복무규정」 및 「국가공무원 복무, 징계 관련 예규」에 대한 특례를 규정함을 목적으로 한다.

나. 적용 대상

고등학교 이하 각급 국·공립학교에 근무하는 교원에게 적용한다.

다. 휴가의 정의

학교의 장이 일정한 사유가 있는 교원의 신청 등에 의하여 일정 기간 출근의 의무를 면제하여 주는 것으로, 연가·병가·공가·특별휴가를 총칭한다.

1) **연가**: 정신적·신체적 휴식을 취함으로써 근무능률을 유지하고 개인생활의 편의를 위하여 사용하는 휴가(반일연가는 13:00를 기준하여 오전·오후로 구분)
2) **병가**: 질병 또는 부상으로 직무를 수행할 수 없는 경우 또는 전염병에 걸려 다른 교직원, 학생 등의 건강에 영향을 미칠 우려가 있을 때 부여받는 휴가
3) **공가**: 교원이 일반국민의 자격으로 국가기관의 업무수행에 협조하거나 법령상 의무의 이행이 필요한 경우에 부여받는 휴가
4) **특별휴가**: 사회통념 및 관례상 특별한 사유(경조사 등)가 있는 경우 부여받는 휴가

라. 휴가의 실시 원칙

1) 학교의 장은 휴가를 허가를 승인함에 있어 소속 교원이 원하는 시기에 법정휴가일

수가 사용할 수 있도록 보장하되, 연가는 수업 및 교육활동 등을 고려하여 특별한 사유가 없는 한 수업일을 제외하여 실시하도록 한다.

2) 학교의 장은 휴가로 인한 수업 결손 등이 발생하지 않도록 필요한 조치를 취하여야 한다.

3) 학교의 장의 휴가는 직근 상급기관의 장의 허가를 받아 실시한다.

4) 근무상황부는 교육정보시스템(나이스)에 의하여 개인별로 관리하되, 교육정보시스템(나이스)에 의한 근무상황부를 운용하지 아니하는 경우 학교의 장은 별도로 근무상황부를 비치 · 관리할 수 있다.

5) 「교육공무원법」 제41조에 따른 공무 외 국외 여행은 「국가공무원 복무규정」에 의한 휴가와 별도로 실시할 수 있으며, 인정범위 및 절차 등은 교육감(국립은 총장 또는 교장)이 정하도록 한다.

마. 연가

1) 학교의 장은 다음 각 호의 어느 하나에 해당한다고 판단할 경우에는 수업일 중 소속 교원의 연가를 승인한다.

　가) 본인 또는 배우자 직계존속의 생신 · 기일, 본인 또는 배우자 직계존비속 또는 형제 · 자매의 질병, 부상 등으로 일시적인 간호 또는 위로가 필요하다고 인정되는 경우

　나) 병가를 모두 사용한 후에도 직무를 수행할 수 없거나 계속 요양을 할 필요가 있는 경우

　다) 한국방송통신대학교 출석 수업 및 일반대학원 시험에 참석하는 경우

　라) 기타 상당한 이유가 있다고 소속 학교의 장이 인정하는 경우

재직 기간	연가 일수	재직 기간	연가일수
1개월 이상 1년 미만	11일	4년 이상 5년 미만	17일
1년 이상 2년 미만	12일	5년 이상 6년 미만	20일
2년 이상 3년 미만	14일	6년 이상	21일
3년 이상 4년 미만	15일	-	-

재직 기간별 연가 일수

2) 반일연가는 13:00를 기준하여 오전·오후로 구분하되, 탄력근무시간제를 적용하는 학교에서는 근무시간 4시간을 기준으로 학교의 장이 달리 정할 수 있다.

3) 근무상황부 종별 중 연가(반일연가를 포함한다)를 신청할 때에는 교육정보시스템 (나이스. 근무상황부 또는 근무상황카드를 포함한다)의 「사유 또는 용무」란에 사유를 기재하지 않고, 지각(지참)·조퇴·외출을 신청할 때에는 사유를 기재한 후 학교의 장의 승인을 받아야 한다.

4) 연도 중 결근·휴직·정직·강등 및 직위해제된 사실이 없는 교원으로 다음 각 호의 어느 하나에 해당하는 공무원에 대해서는 재직기간별 연가일수에 각각 1일(총 2일이내)을 가산한다.
    가) 병가 일수가 1일 미만인 교원
    나) 연가 실시 일수가 3일 미만인 교원

5) 교원(연도 중 퇴직예정자 제외)에게 연가 일수가 없는 경우 또는 당해 재직기간의 잔여 연가 일수를 초과하는 휴가사유가 발생한 경우에는 그다음 재직기간의 연가 일수를 다음 표에 따라 미리 사용하게 할 수 있다.

재직 기간	미리 사용하게 할 수 있는 최대 연가 일수	재직 기간	미리 사용하게 할 수 있는 최대 연가 일수
1년 미만	5일	3년 이상 4년 미만	8일
1년 이상 2년 미만	6일	4년 이상	10일
2년 이상 3년 미만	7일		

이런 경우엔?

□ 신규 임용된 공무원의 경우

• 8. 1. 자로 신규 임용된 공무원의 경우 9. 1. 자로 5일(11일×5개월/12개월)의 연가가 발생하며, 연도가 변경되는 1. 1. 자로 해당 재직기간의 연가 일수인 11일이 새로 발생하고 8. 1. 자로 1일의 연가가 추가로 발생함

• 이 경우 재직기간이 1년 미만인 공무원은 연가 일수가 없거나 재직기간별 연가 일수를 초과하는 휴가 사유가 발생한 경우에는 다음 재직기간 연가일수 12일 중 5일을 미리 사용할 수 있음

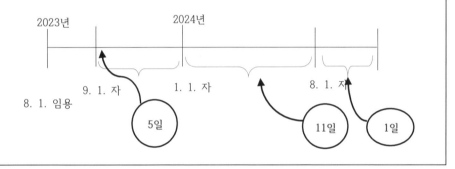

바. 병가

교원의 병가에 대하여는 「국가공무원 복무규정」 및 「국가공무원 복무·징계 관련 예규」에 따른다.

「국가공무원 복무규정」

1) 행정기관의 장은 소속 공무원이 다음 각 호의 어느 하나에 해당할 경우에는 연 60일의 범위에서 병가를 승인할 수 있다. 이 경우 질병이나 부상으로 인한 지각·조퇴 및 외출은 누계 8시간을 병가 1일로 계산하고, 제17조 제5항에 따라 연가 일수에서 빼는 병가는 병가 일수에 산입하지 아니한다.

가) 질병 또는 부상으로 인하여 직무를 수행할 수 없을 때

나) 감염병에 걸려 그 공무원의 출근이 다른 공무원의 건강에 영향을 미칠 우려가
　　　있을 때

2) 행정기관의 장은 소속 공무원이 공무상 질병 또는 부상으로 직무를 수행할 수 없거
　나 요양이 필요할 경우에는 연 180일의 범위에서 병가를 승인할 수 있다.

3) 병가 일수가 연간 6일을 초과하는 경우에는 의사의 진단서를 첨부하여야 한다.

사. 공가

학교의 장은 소속 교원이 다음 어느 하나에 해당하는 경우에는 이에 직접 필요한 기
간에 대하여 공가를 승인하여야 한다.

1)「병역법」이나 그 밖의 다른 법령에 따른 병역판정검사·소집·검열점호 등에 응하
　거나 동원 또는 훈련에 참가할 때

2) 공무와 관련하여 국회, 법원, 검찰 또는 그 밖의 국가기관에 소환되었을 때

3) 법률에 따라 투표에 참가할 때

4) 승진시험·전직시험에 응시할 때

5) 원격지로 전보 발령을 받고 부임할 때

6)「산업안전보건법」제43조에 따른 건강진단,「국민건강보험법」제52조에 따른 건강
　검진 또는「결핵 예방법」제11조제1항에 따른 결핵검진 등을 받을 때

7)「혈액관리법」에 따라 헌혈에 참가할 때

8)「교원 등의 연수에 관한 규정」제13조에 따른 외국어능력에 관한 시험에 응시할 때

9) 올림픽, 전국체전 등 국가적인 행사에 참가할 때

10) 천재지변, 교통 차단 또는 그 밖의 사유로 출근이 불가능할 때

11)「교원의 노동조합 설립 및 운영 등에 관한 법률」제6조에 따른 교섭위원으로 선임
　　되어 단체교섭 및 단체협약체결에 참석할 때,「교원의 노동조합 설립 및 운영 등
　　에 관한 법률 시행령」제3조제3항에 의한 교섭관련협의를 위하여 지명된 자로 참
　　석할 때, 같은 법 제14조 및「노동조합 및 노동관계조정법」제17조에 따른 대의원

회(「교원노동조합 설립 및 운영 등에 관한 법률」에 따라 설립된 교원노동조합의 대의원회를 말하며, 연 1회로 한정한다)에 참석할 때

12) 「교원의 지위 향상 및 교육활동 보호를 위한 특별법」 제11조

「교원의 지위 향상 및 교육활동 보호를 위한 특별법」 제2조의 교섭·협의에 참석할 때, 「교육기본법」 제15조에 의한 교원단체의 대의원회(교원지위 향상을 위한 특별법에 따라 설립된 교원단체의 대의원회를 말하며, 연 1회로 한정한다)에 참석할 때

13) 공무국외출장 등을 위하여 「검역법」 제5조제1항에 따른 검역관리지역 또는 중점 검역관리지역으로 가기 전에 같은 법에 따른 검역감염병의 예방접종을 할 때

14) 「감염병의 예방 및 관리에 관한 법률」 제2조의 제1급감염병에 대하여 같은 법 제24조 또는 제25조에 따라 예방접종(*인플루엔자 등 일반 독감 예방접종은 해당하지 않음)을 받는 경우 또는 질병관리청장, 시·도지사, 시장·군수·구청장·행정기관의 장의 조치·명령에 따라 같은 법 제42조 제2항 제3호의 감염 여부 검사를 받는 경우

아. 특별휴가

1) 학교의 장은 「교원의 지위 향상 및 교육활동 보호를 위한 특별법」 제15조에 따른 교육활동 침해의 피해를 받은 교원에 대해서는 피해 교원의 회복을 지원하기 위해 5일의 범위에서 특별휴가를 부여할 수 있다.

2) 교육감은 교육활동 및 인력운영상황 등에 대한 고려와 소속 교원의 의견 수렴을 통해 육아시간 활용에 대한 자체기준을 만들어 적용할 수 있다.

3) 제1항, 제2항 외의 교원의 특별휴가에 대해서는 「국가공무원 복무규정」 및 「국가공무원 복무·징계 관련예규」에 따른다.

1) 경조사휴가

구분	대상	일수	구분	대상	일수
결혼	본인	5	사망	배우자, 본인 및 배우자의 부모	5
	자녀	1		본인 및 배우자의 조부모·외조부모	3
출산	배우자	10		자녀와 그 자녀의 배우자	3
입양	본인	20		본인 및 배우자의 형제·자매	1

경조사별 휴가일수

※ 경조사휴가는 그 사유가 발생한 날을 포함하여 전후에 연속하여 실시하는 것이 원 칙임

※ 경조사휴가는 토요일·공휴일로 인하여 분리되는 경우를 제외하고는 분할하여 사용할 수 없음

○ 단, 본인 결혼 휴가의 경우에는 그 사유가 발생한 날(**결혼식일 또는 혼인신고일**)부터 30일 이내의 범위에서 사용 가능함(이 경우 휴가 사용 시 마지막 날이 30일 범위 내에 있어야 함)

○ 배우자 출산 휴가의 경우에는 그 사유가 발생한 날부터 90일 이내의 범위에서 1회에 한정하여 나누어 사용 가능함(이 경우 휴가 사용 시 마지막 날이 90일 범위 내에 있어야 함)

○ 사망으로 인한 경조사 휴가의 경우 그 사유가 발생한 날 또는 그 다음날에 휴가를 사용할 수 있음

2) 출산휴가

가) 임신하거나 출산한 공무원에 대하여는 출산 전과 출산 후를 통하여 90일의 출산휴가를 승인해야 하며, 출산 후의 휴가기간이 45일 이상이 되게 함

○ 다만, 한 번에 둘 이상의 자녀를 임신한 경우에는 120일의 출산휴가를 승인할 수 있으며, 출산 후의 휴가기간이 60일 이상이 되게 함

※ 휴가기간의 배치는 의료기관의 진단서에 의한 출산 예정일을 기준으로 하되,

조산의 우려 등 특별한 경우는 예외 인정

○ 출산일 전에 육아휴직 등 휴직 중인 경우에는 실제 출산일에 맞추어 복직을 한 후 출산휴가를 신청하는 것이 바람직함

나) 행정기관의 장은 임신 중인 공무원이 다음 중 어느 하나에 해당하는 사유로 출산 휴가를 신청하는 경우에는 출산 전 어느 때라도 최장 44일(한 번에 둘 이상의 자녀를 임신한 경우에는 59일)의 범위에서 출산휴가를 나누어 사용할 수 있도록 하여야 함

○ 임신 중인 공무원이 유산(「모자보건법」 제14조제1항에 따라 허용되는 경우 외의 인공임신중절에 의한 유산은 제외)·사산의 경험이 있는 경우

○ 임신 중인 공무원이 출산휴가를 신청할 당시 연령이 만 40세 이상인 경우

○ 임신 중인 공무원이 유산·사산의 위험이 있다는 의료기관의 진단서를 제출한 경우

다) 임신 중 유산 또는 사산한 경우로서 공무원이 신청하는 때에는 다음 기준에 따라 유산·사산휴가를 주어야 함. 다만, 인공임신중절수술에 의한 유산의 경우는 휴가를 부여하지 않음

○ 유산 또는 사산한 공무원의 임신기간이 15주 이내인 경우: 유산 또는 사산한 날부터 10일까지

○ 임신기간이 16주 이상 21주 이내인 경우: 유산 또는 사산한 날부터 30일까지

○ 임신기간이 22주 이상 27주 이내인 경우: 유산 또는 사산한 날부터 60일까지

○ 임신기간이 28주 이상인 경우: 유산 또는 사산한 날부터 90일까지

　※ 1주는 7일이므로, 임신 106일부터 147일까지는 30일, 임신 148일부터 189일까지는 60일, 임신 190일 이후는 90일

　※ 휴가기간은 유산·사산한 날부터 기산하므로 유산·사산한 날이 지난 후에 휴가를 신청하면 그만큼 휴가 가용일수가 단축됨

라) 배우자가 유산하거나 사산한 경우 해당 공무원이 신청하면 3일의 배우자 유산휴가 또는 사산휴가를 주어야 함

○ 기간 내에 휴가를 사용하여야 하며, 1회에 한하여 분할 사용 가능

마) 출산 및 유산·사산 휴가는 산모의 건강을 고려하여 일정 기간 휴가를 부여하는 것이며, 아래의 경우에는 일반병가를 승인

○ 임신 중 심한 입덧이나 부작용 등으로 안정의 필요가 있을 경우

3) 난임치료시술휴가

가) 인공수정 및 체외수정 등 난임치료시술을 받는 공무원은 시술 당일에 1일의 휴가를 얻을 수 있음. 다만, 체외수정 시술의 경우 여성공무원은 난자 채취일에 1일의 휴가를 추가로 받을 수 있음

4) 여성보건휴가

가) 여성공무원은 생리기간 중 휴식을 위하여 매월 1일의 여성보건휴가(무급)를 받을 수 있음

5) 모성보호시간

가) 임신 중인 여성공무원은 1일 2시간의 범위에서 휴식이나 병원진료 등을 위한 '모성보호시간'을 받을 수 있음

○ 인력운영 상황, 대국민 서비스 제공 및 공무수행 필요성 등을 종합적으로 고려하여 승인함

　- 부서장은 부서의 인력운영 상황, 민원업무 처리 등 공무수행에 지장이 없는 범위에서 모성보호시간을 사용할 수 있도록 보장하여야 함

○ 모성보호시간 사용 시 日 최소근무시간은 4시간 이상이 되어야 하며, 최소근무시간을 충족하지 못한 모성보호시간 사용은 연가로 처리함

○ 유연근무제 사용자의 모성보호시간 사용은 일(日) 총 근무시간이 모성보호시간을 사용하는 시간을 제외하고 4시간 이상이 되는 경우에 한해 사용할 수 있음

○ 모성보호시간은 근무일에 출근을 전제로 하는 특별휴가(육아시간)와 중복하여 사용할 수 없음

나) 근무시간 중의 적절한 시간을 선택하여 신청할 수 있으며, 승인대상 여부는 병원에서 발급한 증빙서류(진단서, 임신확인서, 산모수첩 등)으로 확인(최초 이용 시에 한하여 제출)

다) 모성보호시간 사용 시 시간외근무를 명할 수 없음

6) 육아시간

가) 만 5세 이하(생후 72개월 이전까지)의 자녀를 가진 공무원은 24개월의 범위에서 1일 2시간의 육아시간을 받을 수 있음

○ 인력운영 상황, 대국민 서비스 제공 및 공무수행 필요성 등을 종합적으로 고려하여 승인함

  - 부서장은 부서의 인력운영 상황, 민원업무 처리 등 공무수행에 지장이 없는 범위에서 육아시간을 사용할 수 있도록 보장하여야 함

○ 육아시간 사용 시 日 최소근무시간은 4시간 이상이 되어야 하며, 최소근무시간을 충족하지 못한 육아시간 사용은 연가로 처리함

○ 유연근무제 사용자의 육아시간 사용은 일(日) 총 근무시간이 육아시간을 사용하는 시간을 제외하고 4시간 이상이 되는 경우에 한해 사용할 수 있음

○ 24개월은 월 단위로 산정(해당 월에서 육아시간을 최초로 사용한 날로부터 1개월*이 되는 날까지를 1월 사용한 것으로 봄)하여 공제하며, 해당 월(月) 내의 육아시간 사용에 대한 신청·승인은 일(日)단위로 최대 1주일까지 1일 2시간 범위 내에서 할 수 있음

  * 1개월이라 함은 사용자가 육아시간을 최초로 사용한 기산일(초일)로부터 익월의 기산일에 해당하는 날의 전일까지를 의미함.

○ 자녀가 만 6세에 달한 날(日)에 남아 있는 육아시간은 소멸되며, 만 5세 이하의 자

녀가 2명 이상인 경우에는 자녀 1인당 각각 사용할 수 있으나, 동일한 날(日)에 중복하여 사용할 수 없음

○ 육아시간은 근무일에 출근을 전제로 하는 특별휴가(모성보호시간)와 중복하여 사용할 수 없음

나) 근무시간 중의 적절한 시간을 선택하여 신청할 수 있으며, 승인대상 여부는 병원의 출생증명서 또는 주민등록등본으로 확인(최초 이용 시에 한하여 제출)

※ 늦게 출근하거나, 일찍 퇴근 또는 근무시간 중 모두 사용 가능

7) 수업휴가

가) 한국방송통신대학교에 재학중인 공무원은 「한국방송통신대학교설치령」에 의한 출석수업에 참석하기 위하여 연가 일수를 초과하는 출석수업기간에 대하여 수업휴가를 승인받을 수 있음

나) 본인의 법정연가 일수를 먼저 사용한 후 부족한 일수에 한하여 수업휴가가 인정되므로 출석수업 전 연가 사용은 불가피한 경우로 제한하여야 함

8) 재해구호휴가

수해·화재·붕괴·폭발 등 「재난 및 안전관리 기본법」 제3조 제1호에 따른 재난으로 피해를 입은 공무원과 재난 발생 지역에서 자원봉사활동을 하려는 공무원은 5일 이내의 재해구호휴가를 받을 수 있음

※ **대규모 재난**으로 **피해**를 받은 공무원에 대해 소속 **행정기관**의 **장**이 **인정**하는 경우에 **10일 이내**의 재해구호휴가 부여

9) 포상휴가

국가 또는 당해기관의 주요 업무를 성공적으로 수행하여 탁월한 성과와 공로가 인정되는 공무원에게 10일 이내의 포상휴가를 승인할 수 있음

10) 가족돌봄휴가

공무원은 다음에 해당하는 경우 유·무급 포함 연간 총 10일의 범위에서 가족돌봄휴가를 받을 수 있음

가) 어린이집 등의 휴업·휴원·휴교, 그 밖에 이에 준하는 사유*로 자녀 또는 손자녀를 돌봐야 하는 경우

　* 감염병, 재난 등으로 인한 개학 연기, 온라인수업 등으로 돌봄이 필요한 경우 등

나) 자녀 또는 손자녀가 다니는 어린이집 등의 공식 행사 또는 교사와의 상담에 참여하는 경우

다) 미성년자 또는 장애인인 자녀·손자녀의 병원 진료에 동행하는 경우

라) **질병, 사고, 노령 등의 사유로 조부모, 외조부모, 부모(배우자의 부모를 포함한다), 배우자, 자녀 또는 손자녀를 돌봐야 하는 경우**

11) 임신검진휴가

임신한 여성공무원은 임신검진을 위하여 임신기간 동안 10일의 범위에서 임신검진휴가를 받을 수 있음

자. 시간선택제 전환교사의 휴가에 관한 특례

시간선택제 전환교사의 연가 일수는 일반직 공무원의 시간선택제 근무 전환과 같이 「국가공무원 복무·징계 관련 예규」에 따른다.

차. 「국가공무원 복무규정」과의 관계

교원의 휴가에 관하여는 「국가공무원 복무규정」 제16조제1항, 제4항, 제5항과 제16조의2, 제16조의3, 제16조의4, 제19조는 적용하지 아니한다.

카. 「국가공무원 복무·징계 관련 예규」와의 관계

이 예규에서 규정하지 않은 교원의 휴가(연가보상비를 제외한다)에 관하여는 성질에 반하지 않는 한 「국가공무원 복무·징계 관련 예규」 제9장(휴가)을 적용한다.

05 공무 국외 여행과 공무 외 국외 여행

가. 공무 국외 여행

1) 공무 국외 여행-출장처리

가) 공무 **국외 여행 계획서** 제출(업무포털-K에듀파인-문서관리에서 내부결재)

나) 나이스의 복무에 출장 신청하여 허가를 받음

　* 나이스-복무-개인출장관리-신청-국외출장으로 신청(국외 여행 사유: 공무 수행)

다) 출장 후 공무 국외 **여행 보고서** 제출 없어짐

나. 공무 외 국외 여행

1) 공무 외 국외 여행-연가 사용

가) 공무 외 국외 여행 신고서는 작성하지 않아도 됨

나) 나이스의 복무에 연가신청하고 '사유 또는 용무'란에 공무 외 국외 여행(행선지)로 입력한 후 허가를 받음

　* 나이스-복무-개인근무상황신청-신청, '근무상황'은 '연가'로 신청

　　(국외 여행 사유: 친인척경조사, 치료, 친지방문, 취미활동, 기념일 여행, 기타 필요한 경우 등)

2) 공무 외 국외자율연수-제41조 연수 신청

> **교육공무원법 제41조(연수기관 및 근무장소 외에서의 연수)**
> 교원은 수업에 지장을 주지 아니하는 범위에서 소속기관의 장의 승인을 받아 연수기관이나 근무 장소 외의 시설 또는 장소에서 연수를 받을 수 있다.

가) 공무 외 국외자율연수계획서 제출(업무포털-K에듀파인-문서관리에서 내부결재)

나) 나이스의 복무에 개인근무상황신청-신청, '근무상황'은 '교육공무원법 제41조 연수, 사유 또는 용무에 '공무 외 국외자율연수(행선지)'를 입력하여 허가를 받음.
   (국외 여행 사유: 교직단체연수, 해외교육기관 초청연수, 개인학습자료 수집 등)

다) 여행 후 국외자율연수보고서 제출 없어짐

06 징계

가. 징계

교원의 의사에 반하는 불리한 처분('불이익처분')은 여러 가지가 있다. 징계와 기타 불리한 처분으로 구분할 수 있다. 소청심사를 통해 억울한 처분으로부터 구제받을 수 있다는 점에서 중요하다.

나. 징계의 사유(국가공무원법 제78조제1항)

국·공립학교 교원이 다음 사유가 있는 때에는 징계처분을 받게 된다.

1) 국가공무원법 및 국가공무원법에 의한 명령을 위반한 경우

2) 직무상의 의무(성실의무, 복종의 의무, 직장이탈금지 의무, 집단행위금지 의무 등의 의무와 법령에서 공무원으로서의 신분상 주어진 의무)를 위반하거나 직무를 태만히 한 때

3) 직무의 내외를 불문하고 그 체면 또는 위신을 손상하는 행위를 한 때

다. 징계의 종류

종류 (국가공무원법, 교육공무원 징계령)		기간 (국가공 무원법)	신분 (국가공무원법, 공무원임용령)	보수, 퇴직급여 등 (국가공무원법, 공무원 보수규 정, 공무원연금법 시행령)
중징계	파면		공무원 관계로부터 배제 5년간 공무원 임용 불가	5년 미만 재직: 퇴직금1/4 감액 5년 이상 재직: 퇴직금1/2 감액
	해임		공무원관계로부터 배제 3년간 공무원 임용 불가	퇴직급여 전액 지급
	강등	3개월	1계급 내림 신분은 보유하나 직무에 종사 못 함 징직처분기간+18개월 승진 제한 처분기간 경력 평정에서 제외	보수의 2/3 감액
	정직	1~3개월	신분은 보유하나 직무에 종사 못함 징직처분기간+18개월 승진 제한 처분기간 경력 평정에서 제외	보수의 2/3 감액
경징계	감봉	1~3개월	12월+감봉처분기간 승진 제한	보수의 1/3 감액
	견책		6월간 승진 제한	

라. 징계에 따른 불이익

1) 징계를 받게 되는 경우 승진, 승급, 명예퇴직수당의 수급, 훈장의 수여 등에서도 불이익이 따르게 된다. 먼저 징계의결요구·징계처분·직위해제 또는 휴직 중에 있는 때나 징계처분 집행 종료 후 정직은 18월, 감봉은 12월, 견책은 6월이 각각 경과하지 아니한 때에는 당해 기간 중 승진 임용될 수 없으며(교육공무원임용령 제16조 제1항), 승급할 수도 없다(공무원보수규정 제14조제1항).

2) 명예퇴직 수당지급 신청기간 개시일 현재 시점에서 이와 같은 상황에 있는 경우에는 명예퇴직수당 지급 대상에서도 제외된다(국가공무원명예퇴직수당지급규정 제3조제3항).

3) 징계처분 사실은 인사기록카드에 기재된다. 그러나 징계처분 집행종료 후 정직은 7년, 감봉은 5년, 견책은 3년이 각각 경과한 때 또는 징계처분에 대한 일반사면이

있은 때에는 인사기록카드상의 징계기록 위에 말소된 사실을 표기하는 방법으로 그 기록이 말소된다. 소청심사위원회 또는 법원에서 징계처분의 무효 또는 취소의 결정이나 판결이 확정된 때에는 징계사실이 나타나지 않도록 카드를 재작성하게 된다(교육공무원인사기록 및 인사사무처리 규칙 제8조의2).

그 외 처분

- 직권면직: 임면권자가 직권으로 당사의 신분을 박탈하는 것
- 직권휴직: 당사자의 의사와 상관없이 직권으로 일정 기간 휴직을 명하는 것
- 직위해제: 부여된 직무와 책임을 박탈하는 것으로 직위해제된 교원은 수업, 담임 업무, 사무분장 상의 업무를 수행할 수 없음
- 강임: 현재의 직급보다 낮은 직급으로 강등하는 것
- 강요에 의한 의원면직, 휴직
- 잘못된 호봉 획정 처분

---

07 교원 연수

가. 연수의 필요성

1) 「교육기본법」 제14조제2항

교원은 교육자로서 갖추어야 할 품성과 자질을 향상하기 위하여 노력하여야 함

2) 「교육공무원법」 제6장 연수

가) 연수의 기회균등

⇒ 교육공무원에게는 연수기관에서 재교육을 받거나 연수할 기회가 균등하게 주어져야 함

나) 연수와 교재비

(1) 교육공무원은 그 직책을 수행하기 위하여 끊임없이 연구와 수양에 힘써야 함

(2) 국가나 지방자치단체는 교육공무원의 연수와 그에 필요한 시설 및 연수를 장려할 계획을 수립하여 실시하도록 노력하여야 하며, 연수에 필요한 교재비를 지급할 수 있음

(3) 국가는 교재비를 지급하는 지방자치단체에 예산의 범위에서 그 경비의 전부 또는 일부를 보조할 수 있음

다) 연수기관 및 근무 장소 외에서의 연수

교원은 수업에 지장을 주지 아니하는 범위에서 소속 기관장의 승인을 받아 연수기관이나 근무 장소 외의 시설 또는 장소에서 연수를 받을 수 있음

나. 연수의 종류(교원 등의 연수에 관한 규정 제6조)

1) 연수는 다음 각 호의 직무 연수와 자격연수로 구분

가) 직무 연수

(1) 제18조에 따른 교원능력개발평가 결과 직무수행능력 향상이 필요하다고 인정되는 교원을 대상으로 실시하는 직무 연수

(2) 그 밖에 교육의 이론·방법 연구 및 직무수행에 필요한 능력 배양을 위한 직무 연수

나) 자격연수

(1) 교원의 자격을 취득하기 위한 연수

(2) 자격연수의 연수과정은 정교사(1급)과정, 정교사(2급)과정, 준교사과정(특수학교 실기교사를 대상으로 하는 과정을 말한다), 전문상담교사(1급)과정, 사서교사(1급)과정, 보건교사(1급)과정, 영양교사(1급)과정, 수석교사과정, 원감과정, 원장과정, 교감과정 및 교장과정으로 구분하고, 연수할 사람의 선발에 관한 사항 및 연수

의 내용은 교육부령으로 정한다.

2) 연수비의 지급

연수자에게는 예산의 범위에서 연수에 필요한 실비(實費)의 전부 또는 일부를 지급할 수 있다.

3) 연수 실적의 기록·관리

가) 교원의 임용권자는 소속 교원의 연수 이수 실적을 학점화하여 기록·관리하여야 한다.

나) 교원의 임용권자는 제8조의3 제1항에 따라 연수 이수 실적을 학점화할 때에는 연수 이수시간을 기준으로 15시간당 1학점으로 하여야 한다.

다) 교원의 임용권자는 영 제8조의3에 따른 교원의 연수 이수 실적을 해당 교원의 인사기록카드에 기록·관리하여야 한다.

4) 교원 연수 이수 실적의 기록 및 관리요령

가) 교육청에서 교원 연수 이수 실적 기록 및 관리 업무를 처리할 때 필요한 사항을 정하는 것을 목적으로 한다.

나) 기관은 학점화 대상 연수과정을 구성·운영할 수 있다.

(1) 교원 등의 연수에 관한 규정 제2조제2항에 따라 설치인가를 받은 연수기관

(2) 교원 등의 연수에 관한 규정 제5조에 따라 교육감이 지정한 특수분야 연수기관

(3) 기타 법령(조례·교육규칙 포함)에 따라 교원 연수 기능이 부여된 교육부 직속기관 또는 교육청 직속기관

다) 학점 환산방법: 교원 연수 실적은 다음 각 호의 기준에 따라 학점으로 환산된다.

(1) 학점 산정 기준: 연수과정 단위

(2) 자격·직무 연수 실적 학점화 시기: 매년 12월 31일 기준

(3) 교원 연수 시간에 대한 학점화 환산: 연간 누적 연수 시간에 대해 15시간마다 1 학점으로 환산하여 인정하되, 잔여 시간은 학점 인정 제외

라) 대학원 학위 취득의 학점화 대상: 교원이 담당하는 직무와 관련 있는 학위의 경우에는 취득 학점의 전부를 교원 연수 학점화 대상으로 인정하고, 그 밖의 학위의 경우에는 취득 학점의 2분의 1을 교원 연수 학점화 대상으로 인정한다. 이 경우 직무와 관련 있는 학위의 인정기준은 임용권자가 정한다.

(1) 국내 대학원에서 취득한 석사 또는 박사 학위

(2) 해당 국가의 정부·대사관 또는 주재 한국 대사관의 확인서가 첨부되어, 학력이 인정되는 적법한 외국 대학원에서 취득한 석사 또는 박사학위(우리나라와 석사·박사 기준이 다른 경우는 우리나라 방식으로 환산)

학위 취득 실적 평정	교원 연수 학점화 제외
박사	해당 박사학위 취득 학점 전부 및 동일한 계열의 석사학위 취득 학점 전부
석사	해당 석사학위 취득 학점 전부

마) 자격 취득의 학점화 대상:

(1) 다음 표의 기준에 따라 교원이 담당하는 직무와 관련 있는 자격 취득의 경우에는 인정 학점의 전부 또는 일부를 교원 연수 학점화 대상으로 인정한다. 이 경우 직무와 관련 있는 자격의 인정기준은 임용권자가 정한다.

대상 자격			인정 학점	직무 관련 학점 인정 기준
국가기술자격 법령에 의한 자격	기술계 및 기능계 기술자격	기능사 (기능사보 제외)	3	- 직무와 직접적으로 관련된 경우: 인정 학점 전부 - 직무와 간접적으로 관련된 경우: 인정 학점의 1/2
		기사	5	
		기능장 및 기술사	10	
	서비스계 기술자격		3	
기타 교육부 장관이 정하는 직무능력 인증 자격			3	

(2) 제1항의 규정에도 불구하고 국가기술자격법시행령 별표상의 동일종목의 자격
증이 2개 이상의 경우는 인정 학점이 가장 많은 자격증 하나만을 학점화 대상
으로 한다.

(3) 임용권자는 승진후보자명부를 작성할 때 자격증 취득실적에 대한 학점화를 하
여야 한다.

바) 학점화 증빙: 임용권자는 승진후보자명부를 작성할 때 필요한 경우 승진후보자명부
에 등재되거나 등재되고자 요청하는 교원에게 증빙서류를 추가로 요청할 수 있다.

사) 학점화 기록·관리자: 기록자는 인사담당자, 확인자는 차상급자로 하는 것을 원칙
으로 하되, 시·도교육청 및 기관별 여건에 따라 운영한다.

아) 심의·자문기구 구성·운영: 교육감 및 국립학교장은 필요한 경우 자체 심의·자
문기구를 구성하여 학점화 대상 여부, 부여 학점의 적정성 여부, 기타 시행상 문
제점 등에 대해 심의·자문받아 운영할 수 있다.

08 교직단체

우리나라 교직단체는 전문직 교원단체와 교원노동조합으로 구분된다. 전문직 교원
단체는 교원의 사회적·경제적 지위 향상과 교직의 전문성 확립을 기함으로써 교육의
진흥과 문화의 창달에 기여하고 있으며, 교원노동조합은 교원이 주체가 되어 근로조건
의 유지·개선 및 기타 교원 근로자의 경제적·사회적 지위 향상을 도모하고 있다. 특히
「교원지위 향상을 위한 특별법」, 「교원지위 향상을 위한 교섭·협의에 관한 규정」, 그리
고 교원노조법 등에는 교직단체의 교섭제도를 법적으로 보장하고 있다.

가. 교직단체의 현황(2008년 설립 이전 기준)

구분	단체명	창립(설립)연도	비고
교원단체	한국교원단체총연합회	1947. 11. 23.	전국 단위
교원노동조합	전국교직원노동조합	1989. 5. 28.	전국 단위
	한국교원노동조합	1999. 7. 1.	전국 단위
	자유교원조합	2006. 4. 22.	전국 단위
	대한민국교원조합	2008. 12. 5.	전국 단위

※ 이외 제시되지 않은 여러 교직단체도 있음.

나. 교직단체의 비교

구분	전문직 교원단체	교원노동조합
추구 이념	전문성 신장 및 지위 향상	경제적·사회적 지위 향상
근거 법률	「민법」 「교육기본법」 「교원지위 향상을 위한 특별법」 「교원지위 향상을 위한 교섭·협의에 관한 규정」	「교원의 노동조합 설립 및 운영 등에 관한 법률」 동법·시행령 및 시행규칙
설립 형태	교과별·학교급별·지역별 (시·도 또는 전국 단위)	시·도 또는 전국 단위
가입 대상	유·초·중등교원, 대학교원 및 교육전문직원	유·초·중등교원 (교장, 원장, 교감, 원감 제외)
대정부 관계	협력·제휴관계(교섭·협의, 의견 제시)	노사관계(단체교섭, 협약체결)
교섭 구조	교육부장관, 교육감 (국·공·사립학교 구분 없음)	교육부장관, 교육감 사립-설립·경영자 ※ 단위학교 차원의 교섭 불허
교섭 시기	연 2회(1월, 7월), 특별히 필요할 때	최소 2년에 1회
교섭 대상	처우 개선, 근무조건 및 후생복지와 전문성 신장에 관한 사항	임금·근무조건·후생복지 등 경제적·사회적 지위 향상과 관련된 사항
합의사항 효력	성실 이행 의무	이행 의무(법령·조례 및 예산에 의하여 규정되는 내용과 법령·조례에 의한 위임을 받아 규정되는 내용은 효력을 가지지 아니함)
설립 단체	한국교원단체총연합회 (시·도교원단체총연합회)	전국교직원노동조합(시·도지부) 한국교원노동조합(시·도지부) 자유교원조합(시·도지부) 대한민국교원조합(시·도지부)

다. 각 단체의 목적 사업

1) 한국교원단체총연합회(교총)

가) 회원 상호 간 협동·단결 활동에 관한 일

나) 교원의 처우 및 복지증진과 근무조건의 개선에 관한 일

다) 교권의 옹호·확대와 교권침해에 대한 구제활동

라) 회원의 연수 기회 확대 및 교직윤리 확립에 관한 일

마) 교육환경 및 교육제도의 개선에 관한 일

바) 교육의 민주화와 자주성 확립에 관한 일

사) 교육정보화 촉진에 관한 일

아) 국제기구 및 각국 교원단체와의 교육·문화교류·협력에 관한 일

자) 청소년복지 및 문화증진에 관한 일

차) 평화증진과 민주주의 발전에의 기여 및 사회정의 실현에 관한 일

타) 북한과의 교육·문화교류 및 민족통일 촉진에 관한 일

파) 한국교육신문사의 설치·운영 및 교육도서 연구·간행에 관한 일

하) 회관의 임대 및 회원에 대한 문화적·경제적 서비스 사업에 관한 일

거) 다른 단체와의 연락 제휴에 관한 일, 회원의 상호부조에 관한 일

2) 전국교직원노동조합(전교조)

가) 근로조건의 개선 및 교직원의 사회·경제적 지위 향상

나) 교육환경 및 교육제도의 개선을 위한 사업

다) 교육의 민주화와 자주성 확립을 위한 사업

라) 노동 3권의 완전 보장 등 교육관계법의 개정을 통한 교직원의 민주적 제 권리 확
　　보 사업

마) 민족, 민주, 인간화 교육을 위한 각종 연구 및 실천 사업

바) 산하조직 및 조합원에 대한 교육, 교권옹호, 복지후생, 문화 및 선전홍보 사업

사) 민족통일과 민주화를 촉진하기 위한 사업

아) 조합의 목적에 부합하는 협동조합 등 재정 사업

자) 기타 조합의 목적 달성에 필요한 사업

3) 한국교원노동조합(한교조)

가) '푸른 교육'운동 구현

나) 교원의 노동기본권 신장

다) 임금, 근로조건, 후생복지 등 경제적·사회적 지위 향상에 관한 사항

라) 학교 운영의 민주화와 교육제도 개선에 관한 사항

마) 교원의 전문성 제고 및 교육 발전에 관한 사항

바) 국내·외 노동단체와의 연대에 관한 사업

사) 교육의 정치적 중립성 확립을 위한 사업

아) 기타 조합의 목적에 부합하는 조합원의 복지를 위한 사업

4) 자유교원조합(자유교조)

가) 대학입시의 전면 자율화

나) 자립형 사립학교의 자유 설립 및 운영

다) 학교별 특성화된 교원평가의 실시 및 교원처우 성과급제 도입

라) 교육정보 공개 추진

마) 학업성취도 평가 및 기초학력 진단평가의 전국 확대 실시

바) 교육위원·교육감 주민직선과 교육자치-일반자치와의 통합

사) 교육개방 및 교육산업육성법 제정 추진

아) 교육과정 및 교과서 개발체제의 법제화 및 국민참여 실현

자) 교육활동과 관계없는 교사의 교육행정업무 근절책 개발추진

차) 초·중등교원의 연구년 제도 추진

5) 대한민국교원조합(대한교조)

가) 교원의 처우 개선 및 권익 신장을 위한 사업

나) 선진적 교육제도의 구축 및 교육개혁을 위한 사업

다) 현장교원의 화해와 협력을 높여내는 교육문화기획 사업

라) 글로벌 교육경쟁력 회복을 위한 교육환경개선 사업

마) 교원운동의 실제적 안정을 도모하는 교원노조 사업

바) 교육정책 및 관계 법안의 연구·입안·제안을 위한 정책연구 사업

사) 국내외 교원운동 단체 및 교육 유관단체와의 연대 사업

아) 산하조직 확대 및 안정적 기반 구축을 위한 조직 사업

자) 선진통일한국 건설을 위한 통일안보교육 사업

차) 조합의 목적에 부합하는 각종 재정 사업

카) 자율·책임·다양화 교육을 위한 제반 목적 사업

09 교원 복지제도

가. 공무원맞춤형복지제도

1) 「국가공무원법」 제52조와 「공무원 후생복지에 관한 규정」에 근거를 두고 있음

2) 공무원의 다양한 복지수요를 효과적으로 충족시키고, 공무원이 건강하고 활기차게 근무할 수 있는 여건을 조성하여 정부의 생산성을 높이는 것을 목적으로 함

3) 교육공무원 및 국가·지방공무원(사립학교 포함), 상시·지속적으로 근무하는 학교회계직원 등(사립학교 포함)

4) 복지 항목의 구성(규정 제6조, 제7조)

항목		구성	사례
기본항목	필수 기본항목	공무원 조직의 안전성을 위하여 전체 공무원이 의무적으로 선택하여야 하는 항목	생명/상해보험
	선택 기본항목	운영기관의 장이 정체적 필요에 따라 설정하고 소속 구성원이 의무적으로 선택하여야 하는 항목	의료비보장보험
자율 항목		운영기관의 장이 필요에 따라 설정하고 각 구성 원이 자유롭게 선택할 수 있는 항목	건강관리, 자기계발, 여가 활동, 가정친화, 온누리 및 지역사랑 상품권

5) 복지 점수의 구성

기본복지 점수	근속복지 점수	가족복지 점수

전 직원 800점
일괄 배정
	• 1년 근속당 10점
	• 최고 300점 배정
		• 배우자 포함 4인 이내(자녀는 인원수에 관계없이 모
		두 배정)
		• 배우자 100점, 직계존·비속 1인당 50점
		  - 다만, 직계비속 중 둘째 자녀는 100점, 셋째 자녀부
		   터는 200점

6) 임용 유형별 복지 점수 관리

임용 유형	복지 점수 관리
신규 임용자 (시보공무원 포함)	임용일이 속한 달을 포함하여 일할 계산함(12월 발령 신규 임용자는 당해 연도 기 본항목의 적용에 필요한 복지 점수만 부여함)

타 시·도
전출/전입자
	• 전출기관: 전출 월을 포함하여 가용 복지 점수를 산정, 실제 사용한 복지 점수 현
	  황을 전입기관에 통보함
	• 전입기관: 전입 월을 제외하고 이후의 가용 복지 점수 산출, 전출기관에서의 초
	  과 사용액은 차감하고 미사용액은 당초 배정할 가용 복지 점수에 추가 배정함

휴직자	• 병역휴직, 법정의무수행: 적용 안 됨
	• 고용휴직, 유학휴직, 연수휴직, 해외동반휴직: 기본항목만 적용됨
	• 해임, 파면, 퇴직 등 공무원의 신분이 종료되는 경우: 공무원 신분이 소멸하는 달
	  을 근무기간에 포함 정산함
	• 정직·직위해제자: 기본항목만 적용되는 휴직자 준용하여 관리함
	• 파견자: 원소속기관에서 정함
	• 국외파견자: 6개월 미만-재직공무원과 동일
	                6개월 이상-기본항목 최저안만 적용

Tips

맞춤형복지포털(http://www.gr.or.kr)에 가입하면 본인의 배정복지 점수 및 사용내역을
확인할 수 있고 맞춤형 복지비용도 청구할 수 있다.

10 교권 보호

가. 교원의 지위 향상 및 교육활동 보호를 위한 특별법

1) 목적(제1조)

교원에 대한 예우와 처우를 개선하고 신분보장과 교육활동에 대한 보호를 강화함으
로써 교원의 지위를 향상시키고 교육 발전을 도모하기 위함

2) 교원에 대한 예우(제2조)

가) 국가, 지방자치단체, 그 밖의 공공단체는 교원이 사회적으로 존경받고 높은 긍지
와 사명감을 가지고 교육활동을 할 수 있는 여건을 조성하도록 노력하여야 함

나) 국가, 지방자치단체, 그 밖의 공공단체는 교원이 학생에 대한 교육과 지도를 할
때 그 권위를 존중받을 수 있도록 특별히 배려해야 함

다) 국가, 지방자치단체, 그 밖의 공공단체는 그가 주관하는 행사 등에서 교원을 우대
하여야 함

3) 교원의 신분 보장 등(제6조)

가) 교원은 형(刑)의 선고, 징계처분 또는 법률로 정하는 사유에 의하지 아니하고는
그 의사에 반하여 휴직·강임(降任) 또는 면직을 당하지 아니함

나) 교원은 해당 학교의 운영과 관련하여 발생한 부패행위나 이에 준하는 행위 및 비
리 사실 등을 관계 행정기관 또는 수사기관 등에 신고하거나 고발하는 행위로 인

하여 정당한 사유 없이 징계조치 등 어떠한 신분상의 불이익이나 근무조건상의 차별을 받지 아니함

4) 교원의 교육활동 보호(제14조)

가) 국가, 지방자치단체, 그 밖의 공공단체는 교원이 교육활동을 원활하게 수행할 수 있도록 적극 협조하여야 함

나) 국가와 지방자치단체는 교원의 교육활동을 보호하기 위하여 다음 각 호의 사항에 관한 시책을 수립·시행하여야 함

각 호 사항

- 교육활동 침해행위와 관련된 조사·관리 및 교원의 보호조치
- 교육활동과 관련된 분쟁의 조정 및 교원에 대한 법률 상담
- 교원에 대한 민원 등의 조사·관리
- 그 밖에 교원의 교육활동 보호를 위하여 필요하다고 인정되는 사항

---

5) 특별휴가(제14조의3)

제15조제1항에 따른 교육활동 침해행위로 피해를 입은 교원은 교육부장관이 정하는 바에 따라 특별휴가를 사용할 수 있음

6) 교육활동 침해에 대한 조치(제15조)

가) 유치원 및 고등학교 이하 각급학교의 장은 소속 학교의 학생 또는 그 보호자 등이 교육활동 중인 교원에 대하여 교육활동 침해행위를 한 사실을 알게 된 경우에는 피해를 입은 교원의 치유와 교권 회복에 필요한 조치(이하 "보호조치"라 한다)를 하여야 함

「교육활동 침해 행위 및 조치 기준에 관한 고시」 개정 내용

〈2023. 3. 23. 시행〉

제2조(교원의 교육활동 침해 행위) 교원의 교육활동(원격수업을 포함한다)을 부당하게 간섭하거나 제한하는 행위는 다음 각 호와 같다.

1. 「형법」 제8장(공무방해에 관한 죄) 또는 제34장 제314조(업무방해)에 해당하는 범죄행위로 교원의 정당한 교육활동을 방해하는 행위

2. 교육활동 중인 교원에게 성적 언동 등으로 성적 굴욕감 또는 혐오감을 느끼게 하는 행위

3. 교원의 정당한 교육활동에 대해 반복적으로 부당하게 간섭하는 행위

4. 교원의 정당한 생활 지도에 불응하여 의도적으로 교육활동을 방해하는 행위

5. 교육활동 중인 교원의 영상·화상·음성 등을 촬영·녹화·녹음·합성하여 무단으로 배포하는 행위

6. 그 밖에 학교장이 「교육공무원법」 제43조제1항에 위반한다고 판단하는 행위

보호조치란?

• 심리상담 및 조언

• 치료 및 치료를 위한 요양

• 그 밖에 치유와 교권 회복에 필요한 조치

나) 보호조치를 한 학교의 장은 지체 없이 관할청에 교육활동 침해행위의 내용과 보호조치 결과를 보고하여야 하며, 교육감은 대통령령으로 정하는 중대한 사항의 경우에 이를 교육부장관에게 즉시 보고하여야 한다.

다) 보고받은 관할청은 교육활동 침해행위로 피해를 입은 교원이 요청하는 경우 교육활동 침해행위가 관계 법률의 형사처벌규정에 해당한다고 판단하면 관할 수사기관에 고발하여야 한다. 〈신설 2019. 4. 16.〉

라) 교육활동 침해행위로 피해를 입은 교원의 보호조치에 필요한 비용은 교육활동 침

해행위를 한 학생의 보호자(친권자, 후견인 및 그 밖에 법률에 따라 학생을 부양할 의무가 있는 자를 말한다. 이하 같다.) 등이 부담하여야 한다. 다만, 피해 교원의 신속한 치료를 위하여 교육활동 침해행위로 피해를 입은 교원 또는 고등학교 이하 각급학교의 장이 원하는 경우에는 관할청이 부담하고 이에 대한 구상권을 행사할 수 있다. 〈신설 2019. 4. 16.〉

Chapter 2.

인사기록 및 인사사무 처리

포인트 꼭꼭!

☐ 인사기록은 빠짐없이 정확하게

☐ 인사관리 기준은 꼼꼼하게

☐ 나의 진로를 미리 계획하고 준비하기

11 인사기록 및 사무처리

교육공무원 인사기록 및 인사사무 처리 규칙

[시행 2019. 9. 17.] [교육부령 제188호, 2019. 9. 17., 타법개정]

교육부(교원정책과), 044-203-6689

가. 인사기록 및 인사사무 처리

1) 인사기록의 작성·유지·보관(제6조)

임용권자는 소속 교육공무원에 관한 인사기록을 작성·유지·보관하여야 함. 소속 교육공무원에 대한 제4조 및 제5조에 따른 인사기록을 교육정보시스템을 이용하여 작성·유지·보관할 수 있음

제4조 개인별 인사기록 종류

1. 인사기록카드

2. 선서문

3. 시장·구청장·읍장 또는 면장이 발급하는 결격사유조회 회보서

4. 국가정보원장 또는 경찰청장이 발급하는 신원조사 회보서

5. 병적증명서 또는 병적사항이 기재된 주민등록표 초본

6. 최종학력증명서 또는 인사담당관이 원본을 대조하여 확인한 학력증명서 사본

7. 면허 또는 자격을 증명하는 서류

8. 경력증명서

9. 교육공무원 전력조사서

10. 「가족관계의 등록 등에 관한 법률」제15조제1항제2호의 기본증명서

11. 「공무원 채용 신체검사 규정」별지 서식에 따른 채용 신체검사서

12. 재정보증서(「국고금관리법」 또는 「지방재정법」에 따른 회계관계공무원만 해당)

---

2) 인사기록카드의 정리 및 변경(제8조)

인사담당관은 교육공무원이 다음 각 호의 어느 하나에 해당하는 경우에는 지체 없이 그 사실을 해당 공무원의 인사기록카드에 기록하여야 한다.

가) 신규채용, 승진, 전직, 전보, 강임, 면직, 징계, 휴직, 직위해제, 복직, 국내연수, 국외연수, 국외출장, 겸임, 파견, 승급, 전출, 전입되었거나 포상을 받은 경우

나) 대학원(「고등교육법」에 따른 국내의 대학원과 이에 준하는 외국의 대학원을 말한다. 이하 같다.)에서 학위를 취득한 경우

다) 자격을 취득하거나 연구 실적이 있는 경우

3) 호봉 재획정(제16조)

자격·학력 또는 직명(대학·산업대학·교육대학·전문대학·방송대학·통신대학·방송통신대학 및 사이버대학만 해당한다)의 변경으로 인하여 교육공무원의 호봉을 재획정할 때에는 교육공무원 호봉 재획정 요구서와 호봉 획정표와 증명서류를 첨부하여야 한다.

4) 증명서 등의 발급(제23조)

가) 소속 기관의 장은 재직 중인 교육공무원이 재직증명서 발급을 청구할 때에는 제4조에 따른 인사 및 성과기록에 따라 재직증명서를 발급한다.

나) 임용권자나 임용제청권자는 재직 중인 교육공무원 또는 퇴직한 교육공무원이 경력증명서 발급을 청구할 때에는 경력증명서를 발급하여야 한다. 다만, 임용권자나 임용제청권자가 교육부장관인 경우에는 교육부 소속 기관과 대학의 장의 소속으로 있는 교육공무원은 그 기관의 장이 발급하고, 교육감 소속 교육공무원은 교육감이 발급한다.

2023학년도 교육공무원(초등) 인사관리지침

경상북도교육청/유초등교육과/자료실[등록일 2023. 2. 17.]

가. 교육공무원 인사관리기준(초등)

1) 총칙

가) 목적

교육공무원 인사 관계 제법규의 시행에 필요한 세부 기준을 규정함으로써 공정하고 합리적인 인사관리로 교원의 사기를 진작시키고 교육행정의 공신력을 높여 교육 효과를 증진하며 경북 교육의 균형적 발전을 기함을 목적으로 함

나) 적용 범위(제3조)

도내 공립초등학교, 공립특수학교(초등), 공립유치원의 교원과 교육전문직원에 적용함(다만, 제10조 및 제20조는 국립초등학교 교원에게도 적용한다.)

2) 전보(제5장)

가) 인사구역 및 근무상한기간(제12조)

인사의 합리적이고 원활한 관리를 위하여 다음과 같이 시·군별 및 구역 근무상한기간을 정하여 시행한다. 교장은 1구역 및 해당 시·군의 관내 1급지 학교 근속 근무상한기간을 적용한다.

(1) 시·군 구역 및 시·군 1급지 학교 근속 근무상한기간

구역	행정(시·군) 단위	직급(위)별 근속 근무상한기간		
		교사	교감	교장
1	경산시, 칠곡군	8	6	5
2	구미시, 영천시, 청도군, 고령군, 성주군	10	6	6
3	포항시, 경주시, 김천시, 안동시, 영주시, 상주시, 문경시, 군위군	20 (15)	10 (6)	6
4	의성군, 청송군, 영양군, 영덕군, 예천군, 봉화군, 울진군	. (20)	. (7)	.
	울릉군	3		

교장란에는 "시·군 1급지 학교 근속 3년"이 해당 셀 전체에 걸쳐 표기됨.

※ 교장·교감·교사 근무상한기간 조정은 2018. 3. 1.부터 단계적으로 적용한다.(부칙 제3조)

(2) 시·군별 근무상한기간의 만기 교원은 타 시·군으로 전보한다.

(3) 울릉군 전보희망 교사의 어느 한 성(남·여)이 70%를 넘지 않게 전보한다.

(4) 1구역 근무상한기간의 만기 교장은 타 구역으로 전보하며, 시·군 1급지 학교 근속 근무 3년 이상인 교장은 타 급지 학교로 전보한다.

나) 정기 전보

(1) 전보는 현임교 1년 이상인 자[단, 교(원)장·교(원)감은 1년 6개월 이상인 자]를 대상으로 한다.(다만, 정원 조정, 학급 감축 등으로 불가피하게 전보한 경우 이전 근무교의 경력을 합산한다.) 교(원)장은 동일교 3년, 교(원)감은 동일교 4년, 교사는 동일교 5년, 교육지원청 소속 특수교육 순회교사는 동일 교육지원청 5년을 근무상한기간으로 한다.

(2) 교장·교감은 교육실적, 교육경력, 생활근거지, 교육상 필요 등을 참작하여 전보한다.

(3) 교사는 〈별표 1〉 전보점 평정기준의 전보점 순에 따라 전보한다. 동점인 경우는 교육 경력이 많은 자, 생년월일이 이른 자 순으로 한다. 다만, 본 기준 제17조 규정

에 의한 특례전보 해당자는 그러하지 아니하다.

(4) 정원 조정상 필요한 때에는 위 항에 불구하고 전보할 수 있다. 이 때, 과원교원 전보 조정 대상자는 직급별 현임 시·군 장기 근속자 순 또는 지역 실정을 감안하여 해당 교육장이 별도기준을 설정하여 내신한 자로 한다.

(5) 특수교육 추진상 필요한 교사와 특수학교에서 5년간 성실하게 근무한 교사는 진보점에 구애됨 없이 전보할 수 있다.

(6) 영양교사의 전보는 유치원과 초등학교를 통합하여 실시한다.

다) 전보점 평정기준

(1) 전보점: 경력점, 근평점, 가산점의 합산점으로 한다.

(2) 경력점

(가) 경력점은 일반경력점과 특수경력점의 합산점으로 한다.

(나) 일반경력점은 현임 시·군 최근 6년간 내의 학교 근무 경력점으로서 시·군 단위로 당해 지역점에 근무년수를 승하여 정한다. 다만, 공무상질병휴직, 병역휴직, 법정의무수행휴직, 고용휴직(상근), 육아 및 입양휴직, 노조전임휴직, 타 시·도 파견(해외, 교원대, 교육기관) 기간 경력점 계산은 급지 1을 적용하여 전보경력점에는 가산되나 동일교 및 시·군 근무상한기간에서 제외된다. (단 육아휴직 기간은 2017학년도부터 해당 급지 경력점 적용)

구역	행정(시·군) 단위	지역점	
		~2018. 2. 28.	2018. 3. 1.부터
1	경산시, 칠곡군	1.5	1.5
2	구미시, 영천시, 청도군, 고령군, 성주군	1.9	1.9
3	포항시, 경주시, 김천시, 안동시, 영주시, 상주시, 문경시, 군위군	2.3	2.3
4	의성군, 영덕군, 예천군	2.9	2.7
5	청송군, 영양군, 봉화군, 울진군	3.5(4.1)	3.1
6	울릉군	8.0	5.5

※ 비고: 경희, 상희, 경산자인학교는 학교소재지 시·군에 해당

(다) 특수경력점은 현임 시·군에서 최근 5년 이내 다음 각 호 사항에 해당하는 담당교사는 매년 0.5점을 가산하되 3점을 초과하지 못한다. (중복 인정 가능)

각 호 사항

- 복식 학급 담당, 교과전담교사, 영재교육원 및 영재학급 지도교사(2017학년도 근무 경력까지만 인정), 발명교실 전담교사, 교감 미배치교 부장교사, 특수교육지원센터 근무교사, 특수학교 근무교사(단, 일반경력점의 해당 지역점을 초과할 수 없음), 시(市)지역 동(洞)에 위치한 학교의 부장교사(2017학년도 근무 경력부터 적용)
- 특수아동 재택 순회교육 담당교사, 순회근무 영양교사, 통합학급 담당교사, 유치원 돌봄, 에듀케어 담당교사, 30학급(병설유치원 포함) 이상 학교 보건교사(2016학년도 근무 경력부터 적용), 30학급(병설유치원 포함) 이상 학교 영양교사(2017학년도 근무 경력부터 적용), 단설유치원 영양교사(2023학년도 근무 경력부터 적용)
- **기초학력거점지원센터(구 학습종합클리닉센터) 근무 학습상담교사(2020학년도 근무 경력부터 적용)**

---

(3) 근평점: 최근 2회의 근평을 다음과 같이 환산한다.

근평	수	우	미	양
환산점	2	1.5	1	0

※ 전보 후 현임지 경력 1년 이내인 교사는 '최근 1회'의 근평을 환산한다.
※ 신규 임용 후 경력 2년 이내인 교사는 당해 연도의 근평을 '미'로 환산한다.

(4) 가산점

(가) 가산점은 집단활동 실적점, 연구 실적점, 포상점, 직무 연수 실적점의 합산점으로 한다.

(나) 집단활동 실적점: 현임 시·군에서 최근 5년 이내에 다음 각호의 1에 해당하는 학교에서 해당 연도에 근무한 자는 1점을 가산하되 3점을 초과할 수 없다.

(다) 연구 실적점: 현임 시·군에서 최근 5년 이내에 취득한 실적을 다음 기준에 의하

여 유리한 것 1종만 산정한다. 동일한 실적을 포상점과 중복 산정할 수 없다.

해당 실적	배점
교육 관련 전국 규모대회 1, 2, 3등급 입상자 및 지도자	2.5, 2.0, 1.5
교육 관련 도 규모대회 1등급, 2·3등급 입상자 및 지도자	1.0, 0.5

※ 비고: 해당 실적은 별도 실무요령에 의한다.

(5) 포상점

현임 시·군에서 최근 5년 이내에 취득한 실적을 다음 기준에 의하여 유리한 것 1종만 산정한다. 동일한 실적을 연구 실적점과 중복 산정할 수 없다.

해당 실적	배점
① 훈장, 포장 및 대통령 표창 ② 국무총리 표창 ③ 모범공무원 표창(중앙 및 도)	2.5
① 교육부장관·각 부처장관 표창 ② 총장 표창(4년제 대학 이상) ③ 대한체육회장·중앙교육연수원(구 교육과학기술연수원)장 표창 ④ 국립특수교육원장 표창	2.0
① 교육감 표창 ② 지사·총장 표창(4년제 대학 미만) ③ 스카우트·걸스카우트 및 청소년연맹 총재 표창, 적십자 총재·해양소년(소녀)단 총재 표창·한국우주소년단총재 표창	1.5
① 교육장·교대부설 초등교원 연수원장·직속기관장 표창	1.0

(6) 직무 연수 실적점

현임 시·군에서 최근 5년 이내에 이수한 직무 연수 실적을 연간 누적 0.6점(60시간당 0.3점)씩 부여하되 1.8점을 초과하지 못한다. (2019. 2. 28.까지 이수한 연수 실적)

13 수석교사제의 이해와 직무

초·중등교육법 교직원의 구분 및 교직원이 임무 규칙

[시행 2023. 6. 28.] [법률 제19096호, 2022. 12. 27., 일부개정]

가. 수석교사 관련 법령

1) 초·중등교육법 제19조(교직원의 구분)

1. 초등학교·중학교·고등학교·고등공민학교·고등기술학교 및 특수학교에는 교장·**교감·수석교사 및 교사**를 둔다. 〈개정 2013. 3. 23.〉

2) 초·중등교육법 제20조(교직원의 임무)

③ **수석교사는 교사의 교수·연구 활동을 지원하며, 학생을 교육한다.**

나. 수석교사의 자격요건

1) 초·중등교육법 제21조(교원의 자격)

③ **수석교사는 제2항의 자격증을 소지한 사람으로서 15년 이상의 교육경력(「교육공무원법」 제2조제1항제2호 및 제3호에 따른 교육전문직원으로 근무한 경력을 포함한다)을 가지고 교수·연구에 우수한 자질과 능력을 가진 사람 중에서 대통령령으로 정하는 바에 따라 교육부장관이 정하는 연수 이수 결과를 바탕으로 검정·수여하는 자격증을 받은 사람이어야 한다.** 〈개정 2013. 3. 23.〉

다. 수석교사제 운영의 기본 모형

- 현행 1원화된 **교원승진체제를 교수(Instruction) 경로와 행정관리(Management) 경로의 2원화 체제**로 개편하려는 것이다. (2011년 6월 29일 수석교사제 법제화 교과부 보도자료)

| 2급 (정)교사 ⟶ 1급 (정)교사 | 수석교사 | [교수 경로] |
| | 교감 ⟶ 교장 | [관리 경로] |

※ 수석교사는 근무평정 대상에서 제외됨으로써 관리직렬로의 이동이 금지됨

라. 수석교사제 주요내용

구분	주요 내용
임기 등	• 임기: 4년 • 임기 만료 시 재심사 후 재임용 가능
지원 자격	• 15년 이상의 교육경력을 가진 교육공무원(사립학교 교원 포함)
선발 절차	• 단위학교 수석교사추천위원회 추천 • 1단계: 서류 심사 및 동료교원 면담(현장실사 포함) • 2단계: 역량평가(수업 역량, 동료 교사 지원 역량, 학생 지도 역량)
배치	• 단위학교 균형배치(초등) • 지역교육지원청별 교과수요 등을 고려하여 단위학교에 배치(중등)
지원	• 수업 시수 50% 경감 • 연구 활동비 지급
연수	• 자격 연수: 15일 이상이며, 90시간 이상('12년 2. 3. 교원 등의 연수에 관한 규정 개정) • 직무 연수: 직무 연수 이수 실적 평가(90시간 만점)
자격검정	• 검정방법: 무시험 검정
업적평가	• 평가자: 교장 • 확인자: 시·도 교육감(교육장) • 평가 실시: 매년 12월 31일을 기준으로 실시
재심사	• 재심사자: 임용권자 • 재심사 기준: 업적평가(360점), 연수 실적 평가(40점), 합산 총계 400점 만점으로 하여 280점 미만인 자는 재임용 제한

마. 수석교사제의 직무

1) 소속 학교에서의 수업

- 소속 학교 교사 1인당 평균 수업 시수의 50% 수업

※ 교육공무원임용령 제9조의8(수석교사의 우대) ① 학교의 장은 수석교사의 원활한 활동을 지원하기 위하여 수석교사의 수업 시간 수를 해당 학교별 교사 1인당 평균

수업 시간 수의 2분의 1로 경감하되, 학교 여건 등을 고려하여 조정할 수 있다.
- 본인 수업은 상시 공개 원칙

2) 교사 지원 활동

가) 수업 및 생활 지도 컨설팅(교내 및 교외), 공개 수업(교내)

〈교내〉

- (계획 수립 단계) 담당 부장이 주관이 되어 공개 수업 및 컨설팅 장학 관련 계획을 수립하되, 수석교사가 주요 의사결정 과정에 참여*
  * 수석교사의 의사결정 과정의 참여 방식(협조, 위임·전결, 관련 위원회 참여 등)은 학교장이 결정
- (실행 단계) 컨설턴트로서 직접 컨설팅을 수행, 컨설팅 의뢰 교사와 컨설턴트를 연결하는 매개자 역할 수행, 컨설팅은 수석교사의 핵심적 업무로서 컨설팅 의뢰에서 최종 피드백에 이르기까지 일련의 컨설팅 과정을 수석교사가 주도적으로 수행
  → 특히, 학교폭력 등에 대응하여 수업뿐만 아니라, 생활 지도 분야의 컨설팅도 병행하여 실시

〈교외〉

- (실행 단계) 지역 내 컨설팅 장학의 컨설턴트로 활동하거나, 컨설턴트를 대상으로 현장 적합도 높은 컨설팅을 위한 연수 실시
  → 지역 내 컨설팅 장학 시 컨설팅 분야별 우수 수석교사를 발굴하여 활용

나) 신임 교사 및 교육실습생 지도: 교내

- (계획 수립 단계) 담당 부장이 주관하여 계획을 수립하되, 수석교사는 주요 의사결정 과정에 참여
  * 수석교사의 의사결정 과정의 참여 방식(협조, 위임·전결, 관련 위원회 참여 등)

은 학교장이 결정

- (실행 단계) 수석교사가 멘토가 되어 지속적인 교수·연구 활동 지원

다) 연수: 교내 및 교외

〈교내〉

- (계획 수립) 담당부에서 주관이 되어 기획하되, 수석교사는 지원

- (실행 단계) 수업분석력 향상 연수, 교원능력개발평가 결과 활용 차원의 맞춤형 연수 관련 강의 및 연수 자료 제공

〈교외〉

- (실행 단계) 지구별 자율연수 시 강사로 활동

라) 교과연구회 등에 선도적으로 참여: 교내 및 교외

- 교과연구회, 학습동아리 활동을 주도하여 교직사회의 학습 조직화 촉진

마) 교원능력개발 평가 참여: 교내

- 모든 동료에 대한 평가 참여 가능

바) 자료개발·보급 및 연구 활동: 교내 및 교외

- 변화하는 교육환경 속에서 동료교원을 지원하는 역할을 원활히 수행하기 위해 지속적으로 연구하고, 그 연구 결과를 반드시 동료교원에게 보급

사) 그 외 보조 직무

○ 학교 교육과정 수립 등에 참여

- 학년도 초에 이루어지는 학교의 교육과정 운영 계획 수립 등에 참여하여 수석교사

로서의 노하우 제공

○ 학부모를 대상으로 한 교육에 강사로 활동

●

PART 7

바람직한 관계 형성으로 행복한 교직생활을 하라

긍정적인 마음으로 함께하는
동료 교사와의 관계

포인트 꼭꼭!

- ☐ 학교 안의 작은 학교 동학년과 가족같이 지내라.
- ☐ 모르는 것은 물어보라.
- ☐ 긍정적인 마인드로 다가가라.
- ☐ 슬픔은 나누면 반, 기쁨은 나누면 두 배!
- ☐ 첫인상이 중요해요.

01 동학년은 학교 안의 작은 학교예요

학교의 규모가 큰 곳은 학년부장 중심으로 학교가 움직이며 동학년 단위의 관계 형성이 매우 중요하다. 다학급의 경우 학년부장의 전달사항을 빠뜨리지 않고 메모하면서 듣고 업무를 실행한다.

동학년끼리 협조하여 수업 지도, 생활 지도, 학교행정, 교육과정을 운영하고 학급 자체의 특별한 행사도 동학년의 보조를 맞추어 실시하면 좋지만 자기 학급만의 사정에 따라 보조를 맞추지 않아도 된다. 단 학년부장님에게는 '우리 반은 오늘 이런 행사를 합니다'라고 알려 주면 더 좋다.

가. 다른 반의 학급 운영 방식을 무조건 따라 하지 않는다

학급마다 학생의 특성이 다르므로 아무리 훌륭한 학급 경영 사례라 하더라도 학급에 무조건 적용시키는 것은 시간 낭비가 될 수 있다. 또, 스스로 생각하고 고민하지 않음으로써 나태해질 수도 있다.

나. 학년 업무를 학급 업무보다 우선한다

학교 교육과정 운영을 위하여 각 부서별 전달사항을 학년부장이 자료를 수합하기 때문에 공동업무 처리를 최우선 순위로 하여야 동학년 및 동료 교사들에게 신뢰를 받을 수 있다. 자칫 일의 속도가 느리면 능력 없는 교사로 낙인찍힐 수도 있다.

다. 가족적 분위기를 조성한다

티타임이나 수업공개를 할 때에는 동료 교사에게 항상 관심을 기울이고 도움을 줄 수 있는 일이 무엇인가를 스스로 찾아본다. 수업공개가 끝나면 수고했다는 인사말은 필수이며, 다과나 저녁 식사를 함께 나누는 것도 관계 맺기에 매우 좋은 방법이다.

02 모르는 것은 여쭈어요

새내기 시절에는 모르는 것이 당연하다. 초등학교 1, 2학년 학생들은 일상생활 속의 자잘한 것까지도 담임에게 묻고 확인을 받아야 비로소 안심을 하고 행동으로 옮긴다. 새내기 교사들은 갓 입학한 1학년 학생들과 비슷한 마음이라고 생각하면 된다. 학교생활에서 모르는 내용이나 이해가 되지 않는 것을 물어오면 선배 교사들은 적극적으로 알려주고 더 자세히 설명해 주려고 애를 쓴다. 귀엽고 의욕적인 새내기로 기억에 남게 되어 조금의 실수가 있더라도 이해해 주고 감싸 주려고 한다. 모르는 것은 부끄러운 것이 아니고 당연한 것이다. 실수 없이 성장하는 교사는 없다. 실수나 걱정을 두려워하지 말고 여쭈어 보자.

03 긍정 마인드가 중요해요

가. 지식이 많은 교사보다 지혜로운 교사가 인정을 받는다

학교는 인간적이고 성실한 교사를 가장 원하며, 자신의 업무가 아니더라도 봉사하려는 마음과 배려하는 태도를 가지고 있는 교사를 좋아한다. 그러면 선배들과 돈독한 인간관계가 형성되며 저절로 배우는 것이 많아져서 학교생활이 돈독해지고 즐거워진다.

나. 나는 긍정의 아이콘이다

선배 교사들의 조언이나 학급 경영 방식을 무조건 긍정적으로 수용한다. 그다음 자신의 생각을 덧붙여 이야기한다. 설왕설래 말이 길어지면 서로가 감정이 상하게 되어 회복하기가 어렵다.

04 슬픔은 나누면 반, 기쁨은 나누면 두 배

가. 교직원들의 경조사 참여는 필수이다

직장생활을 시작하게 되면 동료 교사들의 경조사에 참석해야 할 일이 잦아진다. 결혼식에는 자기 가족의 일처럼 기쁜 마음으로 참석해서 축하해 주거나 선물, 기타 축의금 등으로 마음을 전한다.

나. 상황에 맞는 복장은 기본예절이다

장례식에는 조의를 표하고 장례식장에 갈 일이 있는 날에는 흰색이나 회색, 검은색 등의 복장을 갖추고 양말의 색깔도 화려한 것은 피하는 것이 좋다.

다. 상대방을 배려하며 마음을 전한다

입원이나 출산 직후의 모습을 보여 주는 것을 매우 꺼리므로 간단하게 SNS로 위로나 축하의 인사를 나누고 휴가를 마치고 출근하는 날엔 간단한 축하 카드나 인사말을 전한다.

라. 적절한 방법으로 마음을 전한다

돌이나 백일에는 아기에게 축하 카드나 간단한 선물을 전해 준다.

05 첫인상이 중요해요

가. 모든 관계는 말투에서 시작된다

신경질적인 말투, 직설적인 말투, 나도 모르게 튀어나오는 비속어 등 그동안의 말투에서 학생과의 관계, 동료 교사와의 관계, 학부모와의 관계가 틀어지고 오해로 인간관계가 어려움이 있다고 한다. 좋은 인상을 남기는 말투나 호감을 주는 말투를 사용해 보자.

- 호감을 결정하는 것은 다정한 목소리 38%, 표정 35%, 태도 20%이고 내용은 겨우 7%밖에 작용하지 않는다. (엘버트메라비언, UCLA 교수)

나. 옷차림에는 자신의 가치관이 드러난다

옷차림은 옷을 입는 사람의 가치관이 표현되는 일이므로 항상 신경을 써야 한다. 단정한 옷차림에 상대를 존중하는 언어 예절을 갖추고 공손한 자세로 대하는 것이 기본 예절이다. 남교사의 경우 찢어진 청바지나 너무 짧은 반바지, 칼라가 없는 티셔츠, 모자 쓰는 것 등을 삼가고 여교사의 경우에는 너무 짧은 치마나 반바지, 민소매, 앞이 많이 파인 옷은 피하는 것이 좋다.

다. 윗사람을 가족의 어른처럼 존중한다

교사로서 첫발을 내딛는 신규 교사는 항상 겸손한 마음으로, 선배 교사를 존중하는 태도로 학교생활을 한다.

라. 인사는 소통의 가교이다

서로 지나가다 만났을 때 입을 굳게 다물고 인사만 꾸벅하는 것보다는 밝은 표정과 상냥한 인사로 때에 맞는 인사를 하고 개인적인 안부를 묻는다면 상대방도 말문을 쉽게 열어 대화를 할 마음을 열어 준다.

마. 행정 직원 및 학교 실무원을 존중한다

서로 이해의 폭을 넓히고 직무 범위를 명료화하는 것이 좋다. 부를 때는 직급 호칭을 명확히 붙인다(실장, 부실장, 주무관). 학생들 앞에서는 선생님이라는 호칭을 붙이는 것도 좋은 방법이다.

만나는 모든 사람들에게 먼저 웃으며 인사하는 습관을 들이면 행복한 학교생활이 된다.

바. 교내 메신저를 읽은 후에는 간단한 인사말로 답장을 보낸다

이렇게 해요!

1. 먼저 인사하라.

2. 눈을 마주쳐라(eye contact).

3. 상대의 이름을 불러라.

4. 다른 선생님이 교실에 들어오시면 자리에서 일어나 인사하라.

5. 세 가지를 빨리 하라(전화, 걸음걸이, 출근).

6. 항상 메모하라, 적자생존(적는 자만이 살아남는다).

6. 메신저 읽고 답하라.

Chapter 2.

공감, 소통, 존중, 사랑으로 엮어 가는
학생과의 관계

포인트 꼭꼭!

☐ 인격 존중에 바탕을 두고

☐ 작은 변화에도 관심을 두고

☐ 칭찬과 꾸짖음은 행동 관찰에서 시작합니다.

06 인격을 존중해요

가. 차별하지 말자

어릴 적 추억 속에서 공부를 못한다고 가난하다고 여자라고 차별 대우를 받지는 않았는지 기억을 더듬어 보자. 한 번쯤 억울하거나 답답했던 적이 없진 않았을 것이다.

나. 학생의 마음을 헤아리자

학생들에게 말을 할 때에는 항상 존댓말을 쓰는 습관을 가지고 학생의 마음을 헤아려 그들의 손발이 되어 줄 수 있는 마음의 여유를 가져야 한다.

다. 작은 변화에도 관심을 가지자

아이들을 위해 교사는 어떻게 해야 할까? 무엇보다 언제나 온화한 미소와 친근한 말씨로 편안한 교사로 다가서는 것이 필요하다. 또 학생들의 작은 변화에도 관심을 가지고 대하며 메모하는 습관을 가지면 학생들을 이해하는 데 큰 도움이 된다.

라. 학생을 존중하는 마음이 드러나게 하자

학생을 부를 때는 '야!' 대신 다정하게 이름을 불러주어야 하며 자기가 할 역할을 제대로 인식하게 해 주고 기쁜 마음으로 일하는 태도를 길러 준다.

마. 학생들에게 존대어를 쓰자

수업 시간에는 물론 기타 학생들과 대화를 할 때에는 존대어를 쓰면 좋다. 듣는 학생도 교사의 존대어에 자신이 존중받고 있음을 느낄 것이고 교사도 학생의 잘못된 행동에 화가 치밀어 오를 때 존대어로 꾸중을 하기 때문에 감정 조절하기에 좋다.

07 명령, 지시, 강요(명지강) NO!

가. 요즘 아이들은 명령, 지시, 강요로 변화되지 않는다

명지강은 감옥이나 군대서 단체로 훈련을 할 때 필요하지 평화로운 교실에서는 필요하지 않다.

나. 부모님한테 전화한다는 협박의 말 그만!

행동이 너무 안 좋거나 힘들 때 교사는 유치원으로 내려 보낸다, 부모님께 전화한다, 교장실로 가자 등 협박하는데 이럴수록 아이의 마음에 복수심만 자라게 되어 기회만 되면 교사를 골탕 먹이려 한다. 이런 말은 소 귀에 경 읽기와 같아 학생과의 관계만 나빠지고, 신뢰는 무너지고 교사의 마음에 상처만 남게 된다.

다. 핀잔, 비난하는 말 NO!

핀잔을 주거나 비난하는 말을 할 때 아이의 가슴은 멍들고 무기력해진다. 이 멍든 마음을 평생 안고 살 수도 있다. 그러므로 가급적 이런 말은 삼가야 한다.

라. 교사가 바뀌어야 아이가 변화한다

교사가 인성 지도, 상담기법, 아동의 심리 등의 책을 읽고 공감해 주고 존중해 주며 인정해 줄 때 아이가 변화된다. 안 되면 될 때까지 연구하고 노력해야 한다.

08 공감, 인정, 격려 YES!

가. 공감의 힘

아이들의 감정에 공감해 주면 긍정적으로 생각하게 되고 자존감과 자신감이 높아지게 된다. 아이의 생각과 감정을 공감해 주면서 교사를 믿고 따르게 되고 서로 관계가 좋아진다. 그리고 자신의 말에 공감을 받게 되면 인정받는 느낌이 들어 교사를 더 존경하고 말도 잘 듣게 된다.

나. 인정의 힘

비록 잘못했거나 실수를 했더라도 인정해 주는 말을 들으면 아이는 마음이 움직여 다시 일어서게 되고 노력하게 된다. 부모님이나 교사, 친구들에게 인정받지 못했을 때 문제행동을 해서 관심을 받으려고 한다. 특히 여러 친구들 앞에서 인정해주면 자존감이 올라가므로 건강한 심성을 위한 좋은 영양제가 되는 것이다. 인간은 인정받기 위해 태어난 존재임을 기억하자.

다. 격려의 힘

아이가 힘들 때 '힘을 주고 용기를 주는 말' 이것이 바로 격려이다. 격려의 말을 들을 때 아이의 마음은 눈 녹듯이 녹고 닫혔던 마음은 열리게 된다. 굴욕감이나 수치심에 가득 찬 아이도 따뜻한 격려의 말 한마디로 새 힘을 얻고 바른 행동을 하게 된다.

격려하는 말을 하려면 아이의 행동을 유심히 잘 관찰해야 한다. 잘하려고 노력하는 작은 행동 하나라도 포착해서 '네가 꾹 참고 잘하는 모습을 보니 기특하구나' 이런 격려의 말을 해 주면 아이는 더 잘하려고 노력하게 된다.

라. 질문의 힘

인성 지도에 가장 효과적인 방법이 질문이다. 질문을 하면 아이는 자신의 행동을 생각해 보게 되고 스스로 잘못된 부분을 수정하게 하게 된다.

특히 싸움했을 때 교사가 재판하는 판사가 되어 '왜 그랬니?' '누가 먼저 그랬어?' 하고 판단을 하거나 재판을 하는 분위기가 되면 아이는 변명과 합리화시키려고 머리를 돌리게 된다.

그래서 질문으로 '어떤 일이 있었니?' '이 문제를 잘 해결하려면 어떻게 하면 좋겠니?' '둘이 문제를 해결해 보렴.' 이런 식으로 질문을 하면 코칭 대화가 되어 변화시키는 데 강력한 도구가 된다.

09 버츄카드로 소통해요

버츄카드란 미덕의 보석, 한국 버츄프로젝트에서 개발한 인성도구로서 배려, 존중, 사랑 등 52가지를 카드를 만들어 상담이나 인성 지도에 활용하고 있다.

카드에는 미덕의 의미, 연마 방법, 개인적 다짐이 담겨 있다. 카드를 뽑아 개인 성찰이나 상담에 활용할 수도 있다.

가. 개인적 성찰에 활용할 때

먼저 내게 질문한다.

"오늘 내게 필요한 미덕이 무엇일까?"

"이 문제를 해결하는 데 필요한 미덕이 무엇일까?"

카드를 한 장 뽑아서 내용을 읽고 뜻을 음미해 보고 영감이나 확신을 실천한다.

나. 친구끼리 싸웠을 때

각자 화해하는 데 필요한 카드를 뽑게 한다. 내용을 읽고 음미하면서 얻은 영감이나 필요한 미덕을 깨워 용서해 주고 화해하게 한다.

다. 수업 시간에 집중 안 할 때

'얘들아 지금 필요한 미덕이 뭘까?' 질문한다.

10 미덕 상담 6단계

가. 마음 여는 질문을 하라

"마음이 어떠니?"

"무슨 일이 있었니?"

"무엇이 문제니?"

"오늘 어떻게 지냈니?"

나. 걱정 비우는 질문을 하라

"뭐가 걱정되니?"

"어떻게 생각하니?"

"가장 염려가 되는 것이 뭐니?"

"그것이 너에게는 어떤 의미를 갖고 있니?"

"가장 어려운 점이 뭐니?"

"마음이 어떻게 아프니?"

"무엇이 마음을 아프게 하니?"

"무엇이 가장 슬프게/절망스럽게 느껴지니?"

"몰라요."라고 말하면 "무얼 잘 모르지?" "무엇이 너를 혼란하게 하지?"라고 물으며 진심을 보여라.

다. 성찰 질문을 하라

걱정을 비우고 미덕으로 채워 줄 시간이다. 문제를 해결하기 위해 무슨 미덕이 필요한지 스스로 찾아보게 한다.

"이 문제를 해결하기 위한 좋은 방법은 뭘까?"

"어떻게 하는 것이 옳다고 생각하니?"

"네 마음은 뭐라고 말하니?"

"네가 그 일을 할 수 있도록 용기를 줄 수 있는 건 뭘까?"

"어떤 배상이 적절할까?"

"이럴 때는 무슨 미덕이 필요할까?"

"내가 어떻게 도울 수 있을까?"

라. 끝맺음을 위한 질문을 하라

다음 질문으로 상대방으로 하여금 생각과 감정을 통합하고 상황을 잘 마무리하게 하자.

"이야기를 하면서 어떤 점이 도움이 되었니?"

"무엇이 좀 더 명확해졌니?"

마. 미덕 인정으로 마무리하라

언제나 미덕으로 끝을 맺어라.

"너에게는 진실함이 보였어."

"친구에 대한 신의와 옳은 일을 하려는 용기가 빛나는구나."

"네가 한 일에 대해 책임지려는 태도 속에 겸손함이 빛나는구나."

11 감정카드로 소통해요

가. 감정카드로 상황 맞히기 놀이

- 책상 위에 감정카드를 펼친다.
→ 감정카드에 어울리는 상황을 발표한다.
→ 다른 학생은 그 상황에 어울리는 감정카드를 찾는다.

- 책상 위에 감정카드를 펼친다.
→ 개인의 감정카드를 찾는다.
→ 상황을 발표한다.
→ 다른 감정카드를 골라준다.

- 나를 표현하기: 자기 마음과 어울리는 감정카드를 찾는다.
→ 자신의 이름 앞에 형용사를 넣어 감정카드와 어울리게 소개한다.
  (세상에서 가장 행복한 ***이)
→ 옆에 앉은 친구도 자기소개한다.
→ 앞의 친구 소개에 이어 소개한다.
  (세상에서 가장 행복한 ***이 옆에 마음이 아픈 ##이입니다.)
→ 다음 친구도 계속 이어간다. → 이야기를 나눈다.

나. 감정 읽어 주기 놀이

□ 같은 감정, 다른 느낌
- 한 명이 감정카드 1개를 뽑는다.
→ 각자의 상황을 떠올려 이야기한다.
→ 다른 친구들도 자신의 감정을 말한다.

□ **감정카드로 한 줄 쓰기**

• 쓸거리가 없을 때 '슬퍼요, 외로워요, 힘들어요' 기분을 떠올린다.

→ 상황을 회상한다.

→ 글로 표현한다.

→ 글을 읽고 친구가 공감하는 댓글을 달아 준다.

12 바람카드로 소통해요

□ **갖고 싶어요.**

• 바람카드 중 내가 갖고 싶은 것 1장 고른다.

→ 그 바람이 이루어졌을 때 어떤 감정일지 생각해 보고 말한다.

□ **선물**

• 상대에게 필요할 것 같은 바람카드를 고른다.

→ 그 카드를 친구에게 "○○아 너에게는 인정받는 것이 중요해 보여. 선물로 주고 싶어." 라고 말하며 건넨다.

→ "고마워. 나는 친구가 날 인정해 줄 때 정말 좋아."라고 바람이 충족되면 어떤 점이 좋을 지를 생각하며 대답한다.

→ 서로 돌아가며 바람카드를 나누고 선물한다.

□ **부탁과 거절하기**

• 5장을 고른다.

→ 그 카드를 가지고 싶은 이유를 설명한다.

→ 다른 친구가 고른 카드를 보고 "○○아, 나는 휴식이 정말 필요한데 그 카드를 나에게 줄 수 있겠니?"

→ 부탁을 들은 친구는 그 카드를 선물로 주거나 "○○아 나도 요즘 너무 피곤해서 쉬고 싶어. 그래서 널 주지 못하겠어."라고 거절의 말을 한다.

→ 활동을 반복한다.

□ 바람카드로 한 줄 쓰기
- 쓸거리가 없을 때 '슬퍼요, 억울해요, 외로워요'와 관련된 기분을 떠올려 보게 한다. → 상황을 회상하게 한다. → 글로 표현하게 한다. → 글을 읽고 친구가 공감 댓글을 달아주게 한다.

이렇게 해요!

※ 소통방의 구성
- 의자 4
- 탁자 1
- 마음을 안정시키는 소품들(꽃, 메모지. 종, 동시집, cd, 가리개, 마이크 등)
- 공감대화 카드(감정카드와 바람카드) 준비하기
- 동요와 동시, 그림을 함께 걸어두면 효과적임

🎯 Tips 문제의 소유 구분하기: 행동의 창(The Behavior Window)

내가 수업을 하는 중에 한 학생이 자주 잡담을 하고 웃음을 터뜨리거나 한 학생이 고함을 치면서 자기는 학교, 특히 선생님들이 싫다고 내게 말한다면 누구의 책임일까?

※ 감정카드와 바람카드, 버츄카드는 학생들 간에 다툼이 있을 때 소통방에서 마음을 터놓고 이야기하게 하면 효과적이다.

Chapter 3.

신뢰와 관심으로 쌓아 가는
학부모와의 관계

포인트 꼭꼭!

☐ 학부모와의 관계 3월이 중요하다. 학부모들의 말을 귀담아 들어주자.

☐ 학부모 상담을 위한 교실 환경을 조성하자.

☐ 학생 생활에 대한 내용은 전화보다는 문자로 먼저 알리자.

13 3월, 학부모와의 첫 만남이 중요해요

학년 초 담임교사가 배정되고 나면 학부모들끼리 담임에 대한 정보를 서로 교환하느라 바쁘다. 특히 새내기 교사가 담임이라는 사실을 알게 되면 담임을 믿어 주기보다는 요구하는 것이 많아지면서 불안한 마음에 교사를 가르치려고 한다. 학부모들과 첫 만남이 이루어지는 내내 점잖아 보이는 정장 차림으로 학부모를 맞이하는 것이 좋다.

가. 학기 초 보내는 담임 편지

학기 초 학부모들에게 교사의 교육철학 및 학급 운영 방안에 대하여 미리 편지를 보내면 인사를 나누면 학부모들은 신뢰하는 마음을 가지게 된다.

나. 학기 중 당부의 말씀 보내기

학년 초가 지나고 6월, 11월쯤 되면 학부모들은 자녀의 학교생활이 궁금해지기도 하지만 일부 학부모들은 관심이 떨어지기도 할 시기이다. 학생들도 이젠 어느 정도 학교생활에 적응이 되고 담임선생님에 대한 파악이 되고 나면 슬슬 산만함이 살아나기 시작하기도 할 때이다. 이 시기에 담임교사의 가정통신문과 같은 메시지 한 장은 학부모나 학생 모두에게 교사에 대한 관심과 학생에 대한 관심을 다잡을 수 있는 계기가 된다.

다. 한 달에 한 번쯤 칭찬 문자 보내기

매일 1~2명씩 한 달에 전체 학생이 한번 돌아가게 칭찬 문자를 부모님께 보내면 학생은 물론 학부모들에게 큰 반향을 불러일으키게 된다. 나아가 학생들에게도 동기유발과 학습 의욕 고취 및 생활 태도의 바람직한 변화를 가져오게 할 수 있는 계기가 되는데 담임교사로서도 보람을 느끼게 된다.

라. 학습 결과물에 부모님 확인 말씀 적어 오기

학급에서 학습 결과물에 대하여 부모님의 확인 말씀을 적어 오도록 한다. 학습 결과물을 교과서에 붙이고, 학생의 작품을 집에 가져가서 부모님께 보여 드리고 그 결과물에 대한 부모님 평가 말을 적어 오도록 하면 학생의 성취 수준을 부모님들도 알게 된다.

마. 학부모와의 좋은 인간관계 형성을 위한 교사의 마음가짐

- 너무 가깝지도 멀지도 않은 중용의 마음을 가진다.
- 학부모의 의견을 수용하되 전·후 파악을 충분히 하고 옳고 그름을 판단하여, 그것이 미칠 파장을 예상해 보고 실천으로 옮긴다.
- 학부모와 교사의 관계에서 신뢰가 쌓이면 학생 지도가 훨씬 쉬워진다.

14 대면 비대면 상담은 이렇게 해요

4주를 전후로 하여 학부모 상담주간이 시작되는데 상담 초기는 문제 해결보다 학부모와 레포 형성에 주력하고 학생들의 특징을 파악하는 데에 최선을 다해야 한다.

가. 대면 상담

- 교사는 1년간 동반자, 부모는 평생 동반자!
- 한 아이 키우는 전문가는 부모님, 여러 아이 키우는 전문가는 교사!
- 한 아이의 전문가는 학부모이므로 주로 질문하면서 들어주는 시간!

- 새 학기를 맞이해서 바쁘시거나 힘들진 않으세요?

- ○○이는 어때요? 많이 힘들어하진 않아요?

- 특별히 상담하시고 싶은 내용이 있으세요?

- ○○이의 가정에서의 생활이 궁금한데 말씀해 주실 수 있으신지요?

- ○○이를 잘 이해하기 위해 도움이 되는 말씀을 좀 해주세요.

- 제가 더 신경 써야 할 부분이 있는지요?

- 마지막으로 부탁하실 말씀이 있는지요?

- 아이 행동이나 특성에 대해 관찰하고 상담할 자료를 미리 기록해 둔다.

- 성적 이야기보다 생활 전반적인 내용을 질문한다.

- 담임에 대한 신뢰감을 심어 주고 아이에 대해 긍정적인 면을 말해 준다.

- 가급적 훈계나 조언은 멀리하고 좋은 것, 잘하는 것을 칭찬해 준다.

- 공감 대화가 중요하다. (네, 그렇군요. 힘드시겠어요. 등)

- 다른 학생(친구) 이야기는 안 하는 것이 좋다.

- 따뜻한 차를 준비한다.

- 교사와 같은 높이의 책상, 의자를 준비한다.

나. 비대면(전화) 상담

전화로 상담할 때는 얼굴표정을 볼 수 없기 때문에 세심한 주의가 필요하다.

그래서 최대한 부드럽고 친절한 말투로 경쾌한 '솔'톤으로 말하는 것이 좋다.

상대방의 말에 경청하고 공감해 준다. (지금 속이 많이 상하셨군요, 아, 그렇군요. 충분히 이해합니다. 등)

전화 상담 예시

□ 첫인사

부모님 안녕하세요,

전화약속 시간이 되어 전화드렸어요.

○○이 담임을 맡게 된 ○○입니다.

□ 대화를 이어가는 질문

새 학기를 맞이해서 바쁘시거나 힘들진 않으세요?

특별히 상담하시고 싶은 내용이 있으세요?

○○이는 어때요? 많이 힘들어하진 않아요?

□ 학생에 대해 파악하고 싶다면

○○이의 가정에서의 생활이 궁금한데 말씀해 주실 수 있으신지요?

아 그렇군요. 참 잘하고 있네요.

○○이를 잘 이해하기 위해 도움이 되는 말씀을 좀 해 주세요.

제가 더 신경 써야 할 부분이 있는지요?

□ 통화 마무리할 때

마지막으로 부탁하실 말씀 있으세요?

시간 내주셔서 감사했어요.

어머님과의 통화 덕분에 행복해졌습니다.

부모님께서 이야기해주신 덕분에 ○○이에 대해 잘 알게 되어 감사합니다. 지도하는 데
도움이 많이 될 것 같아요. 감사합니다.

☞ '좋은 인간관계는 나로부터 출발하는 것이고 그 결과도 나에게 되돌아온다.'는 마
음가짐으로 신뢰와 따뜻한 마음이 전해지도록 상담하는 것이 중요하다.

가. ADHD 학생의 부모

ADHD 학생을 가진 부모들은 학생의 산만하고 충동적인 행동에서 신체적 심리적으로 소진을 경험하는 경우가 많다. 우선 이들 학부모를 상담할 때에는 부모의 힘든 마음을 공감해 주는 것이 우선되어야 한다. 그리고 아이에 대한 긍정적인 관점을 가지고 있음을 보여 준다.

'이 아이의 문제 행동은 환경이 바뀌면 사라진다.'는 말로도 학부모는 위로와 긍정의 힘을 받을 수 있다.

나. 집단 괴롭힘을 당한 아이의 부모

집단 괴롭힘을 당한 경험이 있는 경우에는 내면에 학교에 대한 불신과 화가 내제되어 있는 경우가 많다. 따라서 교사와의 신뢰감 형성이 잘 안되고 교사에게 화를 내거나 불만을 이야기하는 경우가 많아 이로 인해 교사가 감정적으로 상처를 받게 된다. 감정적으로 상처를 받은 교사는 자신을 변호하거나 같이 부모를 공격하는 경우가 많은데 이런 행동은 상담에 도움을 주지 못한다.

우선 상황에 대한 진위를 가리기보다는 부모의 화난 감정을 진심으로 들어주는 것이 필요하다. 그 과정을 통하여 부모의 마음이 다소 누그러지면 그다음으로 그 상황이나 발생한 원인과 이를 예방할 수 있는 방법에 대하여 부모와 서로 상의하는 것이 중요하다.

다. 공격적인 학생의 부모

공격적인 학생은 발달 특성상 아직 보호를 하고 있는 부모의 영향을 많이 받게 되어 있어서 이들에게 영향을 미치는 학부모 상담은 매우 주의해야 할 점이 많다. 교사는 부모도 도움을 필요로 하는 사람임을 인정하고 어느 정도 학부모와 유대적인 관계가 형성된 후에 부모의 양육방식과 자녀의 문제 행동의 연관성을 알아보도록 하고 부모가 죄책

감을 느끼지 않도록 해야 한다. 또한 지나친 체벌 중심의 가정교육은 아이에게 더 공격성을 줄 수 있음을 인지하도록 한다.

학교폭력의 피해 유무를 확인할 때 심하게 추궁하는 모습을 보이기보다는 편안하게 자신의 경험을 말할 수 있도록 수용적인 자세를 보여 주는 것이 좋다.

라. 물건을 훔치는 학생의 부모

물건을 훔치는 학생들은 가정과 학교에서 일관된 방식을 사용하는 것이 중요하다. 즉각적 대응을 통하여(처벌을 의미하지 않음) 처음에 화가 나고 분통이 터지는 것은 당연하지만 침착성을 유지하는 것이 매우 중요하며 자제력을 발휘하여 나름대로 아이의 행동의 원인을 먼저 생각한다. 물건을 훔쳤다면 아이와 함께 같이 가서 돌려주거나 값을 치르고 사과를 시키는 것이 매우 중요하다. 이와 같은 행동을 하고 난 이후에는 부끄럽고 힘든 일을 마친 자녀의 노력을 칭찬해 준다.

예방하려면 어떻게 해야 할까? 정직에 대한 가치관을 심어주고 유혹을 미리 줄여주고 부모의 지갑, 집안의 현금, 저금통, 금고 등의 관리를 확실하게 해두는 것이 좋다. 또한 가족 사이의 관계를 가깝게 유지하도록 상담을 하여야 한다.

🎯 **Tips**

※ **말을 들을 때는** 침묵 → 장단 맞추기 명료화 → 내용 되돌려주기(재진술) → 정서 되돌려주기(반영) → 요약

※ **말을 할 때에는** I-message와 Do-message로 능력을 칭찬하자.

※ 상담에서 가장 중요한 것은 **오롯이** 들어주는 것이다.

자녀의 장점을 먼저 칭찬한 뒤 단점을 말한다.

참고 자료

01. Ellen L. Kronowitz(2009). 성공하는 교사의 첫걸음. 시그마프레스. 고재천 외 6인 옮김.

02. 권현진 외(2002). 학급 경영 길라잡이. 양서원.

03. 대구광역시교육청(2020). 대구교육 2019-347, 새내기 시절 가볍게 뛰어넘기.

04. 대구광역시 교육청(2013). 장학자료 2013-초 1, 초등담임교사 업무 매뉴얼.

05. 인디스쿨 http://www.indischool.com

06. 우리교육(2005). 초등학급운영 1. 우리교육.

07. 경상북도 유·초등수석교사회(2014). 행복교실, 이렇게 시작하자.

08. 2019 학교 교육과정 편성, 운영 역량강화 연수 자료집.

09. 경상북도 초등학교 교육과정 편성·운영 지침(2021학년도 활용).

10. 2015 개정 교육과정 총론 해설서.

11. 김현섭(2018). "수업공동체", 수업디자인연구소.

12. 정진(2016). 회복적 생활교육 학급운영 가이드북, 피스빌딩.

13. 이재영, 정용진(2019). 회복적 정의 이해와 실천. 피스빌딩.

14. 경상북도교육청(2020). 회복적 생활교육 안내자료.

15. 2020 학교생활기록부 기재요령(2020. 교육부)

행복 교실을 위한
디딤돌

ⓒ 경상북도유 · 초등수석교사회, 2024

초판 1쇄 발행 2024년 2월 5일

지은이   경상북도유 · 초등수석교사회
펴낸이   이기봉
편집   좋은땅 편집팀
펴낸곳   도서출판 좋은땅
주소   서울특별시 마포구 양화로12길 26 지월드빌딩 (서교동 395-7)
전화   02)374-8616~7
팩스   02)374-8614
이메일   gworldbook@naver.com
홈페이지   www.g-world.co.kr

ISBN   979-11-388-2755-3 (13370)